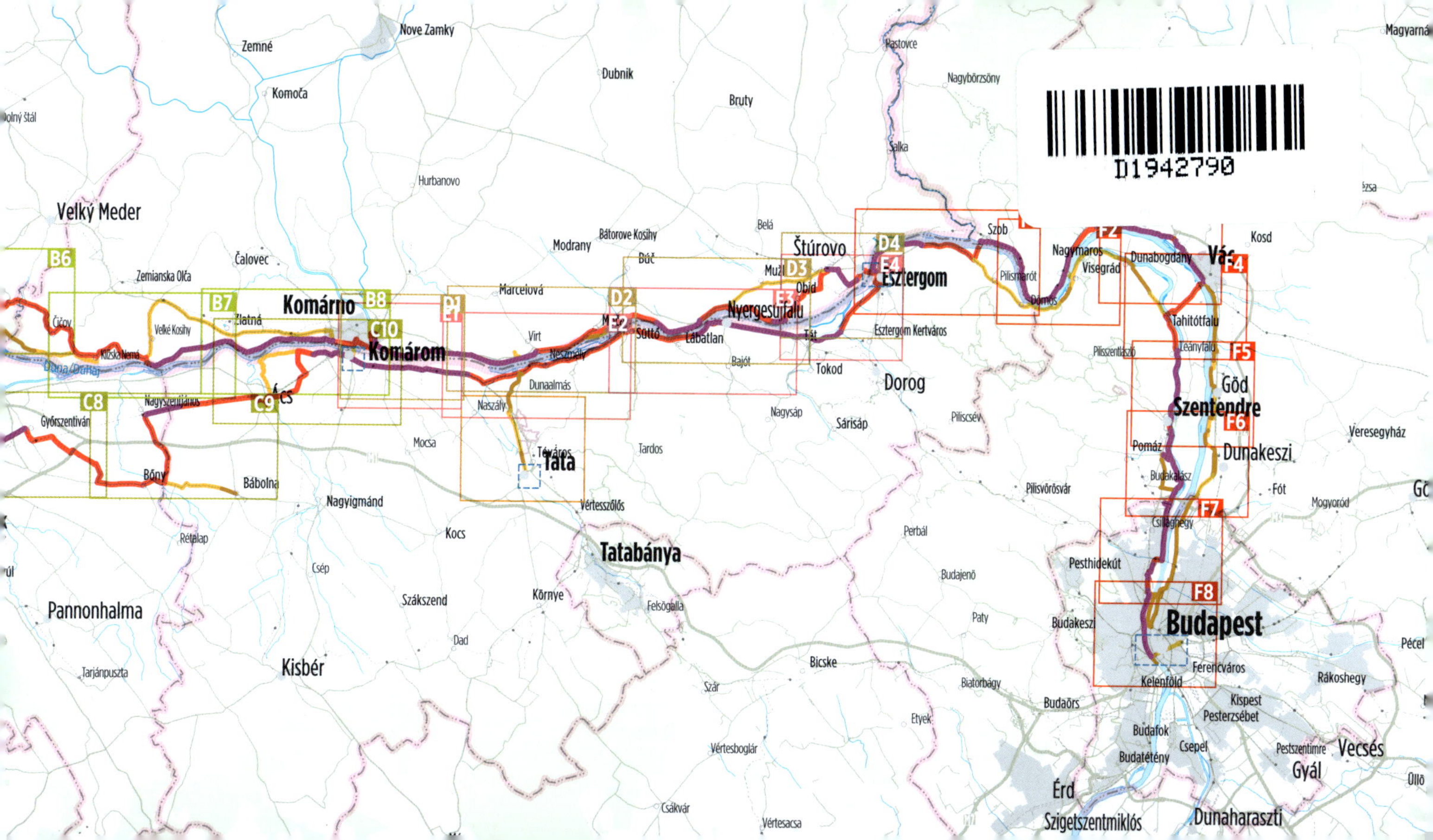

Nove Zamky
Zemné
Komoča
Dolný štál
Dubník
Bruty
Pastovce
Nagybörzsöny
Magyarná
Salka
Hurbanovo
Velký Meder
Modrany
Bátorove Kosihy
Belá
Szob
Kosd
Čalovec
Zemianska Olča
Búč
Štúrovo
D4
Nagymaros
Visegrád
Dunabogdány
Vác
F4
B6
Mužla
D3
E4
Esztergom
Pilismarót
Dömös
Obid
Komárno
B8
Marcelová
D2
E3
Nyergesújfalu
B7
Zlatná
D1
E1
Čičov
Velké Kosihy
C10
Komárom
Virt
E2
Süttő
Lábatlan
Tát
Esztergom Kertváros
Tahitótfalu
Klížska Nemá
Neszmély
Leányfalu
F5
Duna/Dunaj
Dunaalmás
Bajót
Tokod
Pilisszentlászló
Göd
Dorog
C8
Nagyszentjános
C9
Ács
Naszály
Nagysáp
Szentendre
Győrszentiván
Sárisáp
Pilicsév
F6
Mocsa
Tardos
Veresegyház
Pomáz
Dunakeszi
Tata
Bőny
Budakalász
Bábolna
Nagyigmánd
Vértesszőlős
Pilisvörösvár
Fót
Mogyoród
F7
Csillaghegy
Kocs
Perbál
Rétalap
Tatabánya
Csép
Pesthidekút
Budajenő
Pannonhalma
Szákszend
Környe
F8
Felsőgalla
Budapest
Paty
Budakeszi
Pécel
Dad
Kisbér
Bicske
Ferencváros
Tarjánpuszta
Biatorbágy
Rákoshegy
Kelenföld
Szár
Budaörs
Kispest
Pesterzsébet
Etyek
Budafok
Vértesboglár
Csepel
Pestszentimre
Vecsés
Budatétény
Gyál
Üllő
Érd
Csákvár
Vértesacsa
Szigetszentmiklós
Dunaharaszti

D1942790

bikeline®-Radtourenbuch
Donau-Radweg 3

A-3751 Rodingersdorf, Hauptstr. 31
Tel.: +43/2983/28982-0, Fax: -500
E-Mail: bikeline@esterbauer.com
www.esterbauer.com
14. überarbeitete Auflage, Sommer 2018
ISBN: 978-3-85000-625-5

Bitte geben Sie bei jeder Korrespondenz die Auflage und die ISBN an!

Dank an alle, die uns bei der Erstellung dieses Buches tatkräftig unterstützt haben finden Sie auf Seite 139

Das *bikeline*-Team: Birgit Albrecht-Walzer, Katharina Amon-Schneider, Beatrix Bauer, Michael Bernhard, Michael Binder, Veronika Bock, Petra Bruckmüller, Roland Esterbauer, Gabriela Fürst, Dagmar Güldenpfennig, Martina Kreindl, Nora Ludolph, Gregor Münch, Karin Neichsner, Carmen Paradeiser, Sabrina Pusch, Claudia Retzer, Petra Schartner, Sonja Schleifer, Isabella Tillich, Christian Thoren, Martin Trippmacher, Carina Winkelhofer, Martin Wischin, Wolfgang Zangerl

Umschlagbilder: Bild gr.: © milosk50 - Fotolia; Bild kl. oben: © Jenifoto - fotolia; Bild kl. unten: © Jerzy Bin - Fotolia
Bildnachweis: Archiv: 36; © asafeliason - Fotolia: 88; © avirid - Fotolia: 8; Bürgermeisteramt Komárno: 52; Erik Schmidt: 10, 62; Gästeinformationsbüro Hainburg: 34; © kameraauge - Fotolia: 21; © kotomiti - Fotolia: 42; © lexx1959 - Fotolia: 72; Markusd Belz: 122; © mRGB - Fotolia: 24; Österr. Bundesforste: 30; © PHB.cz - Fotolia: 38; pixabay, artbejo: 100; © Renáta Sedmáková - Fotolia: 7; Roland Esterbauer: 14, 56, 66, 76, 92, 95, 116; Stadtverwaltung Györ: 68; © Sue Thomas - Fotolia: 64; Tourinform Györ, Péter O. Jakócs: 70; Tourinform Szentendre: 114; Tourinform Vác: 108; © travelwitness - fotolia: 23; Ungarisches Tourismusamt, Berlin: 50, 78, 82, 86, 94, 104, 112, 118, 121; © viperagp - Fotolia: 106; WerbeGrafikDesign Eva Horak: 28

Kartografie erstellt mit axpand
(www.axes-systems.com)

Wetterfest

Wetterfest und robust!

Für die Innenseiten dieses Buches haben wir uns etwas Besonderes einfallen lassen. Die Seiten bestehen aus hochwertigem Landkartenpapier, welches mit einer robusten und wasserabweisenden Beschichtung versehen wurde. Somit übersteht es unbeschadet auch mal ein Regenwetter.

Bitte beachten Sie: wetterfest und wasserabweisend bedeutet nicht wasserfest! Die Seiten sind gut gegen Spritzwasser geschützt und kleben, wenn sie feucht werden, nicht aneinander. Dennoch darf das Buch nicht komplett durchnässt werden.

Bitte verwenden Sie bei Dauerregen zusätzlich einen Regenschutz.

bikeline

Was ist bikeline?

Wir sind ein Team von Redakteuren, Kartografen, Geografen und anderen Mitarbeitern, die allesamt begeisterte Radfahrerinnen und Radfahrer sind. Ins „Rollen" gebracht hat das Projekt 1987 eine Wiener Radinitiative, die begonnen hat, Radkarten zu produzieren. Heute tun wir dies als Verlag mit großem Erfolg. Mittlerweile gibt's bikeline® und cycline® Bücher in fünf Sprachen und in vielen Ländern Europas.

Um unsere Bücher immer auf dem letzten Stand zu halten, brauchen wir auch Ihre Hilfe. Schreiben Sie uns, wenn Sie Unstimmigkeiten oder Änderungen in einem unserer Bücher entdeckt haben.

Wir freuen uns auf Ihre Rückmeldung (redaktion@esterbauer.com),

Ihre bikeline-Redaktion

Vorwort

Einst verlief entlang der Donau die Grenze des Römischen Reiches. Später, zur Zeit Österreich-Ungarns, war der Strom Lebensader der Monarchie bis der Eiserne Vorhang die enge kulturelle und wirtschaftliche Beziehung der Länder bis 1989 beendete. Die wechselvolle Geschichte der Länder am Donau-Radweg zwischen Wien und Budapest ist nicht nur in Städten wie Bratislava, Györ oder Esztergom zu sehen, sondern zeigt sich auch direkt an der Route selbst, etwa beim Heidentor bei Petronell-Carnuntum. Ebenso abwechslungsreich ist die Landschaft entlang des Weges: Die Donau durchfließt naturbelassene Auen in Österreich und Ungarn und wird im slowakischen Kraftwerk Gabčíkovo zur Stromerzeugung genutzt, bevor sich der Fluss seinen Weg zwischen dem Börszöny- und dem Pilis-Gebirge hindurchbahnt und, zu einem rechtwinkeligen Knick gezwungen, nach Süden auf die ungarische Hauptstadt Budapest zufließt.

Präzise Karten, genaue Streckenbeschreibungen, zahlreiche Stadt- und Ortspläne, Hinweise auf das kulturelle und touristische Angebot der Region und ein umfangreiches Übernachtungs- und Serviceverzeichnis – in diesem Buch finden Sie alles, was Sie zu einer Radtour entlang der Donau brauchen – außer gutem Radlwetter, das können wir Ihnen nur wünschen.

Kartenlegende

Radrouten (cycling routes)

Hauptroute, wenig KFZ-Verkehr (main cycle route, low motor traffic)
- asphaltiert (main cycle route, paved surface)
- nicht asphaltiert (main cycle route, unpaved surface)
- schlecht befahrbar (main cycle route, bad surface)

Hauptroute, autofrei / Radweg (main cycle route, without motor traffic / cycle path)
- asphaltiert (cycle path, paved surface)
- nicht asphaltiert (cycle path, unpaved surface)
- schlecht befahrbar (cycle path, bad surface)

Ausflug od. Variante, wenig KFZ-Verkehr (excursion or alternative cycle route, low motor traffic)
- asphaltiert (excursion or alternative route, paved surface)
- nicht asphaltiert (excursion, unpaved surface)
- schlecht befahrbar (excursion, bad surface)

Ausflug od. Variante, autofrei / Radweg (excursion or alternative route, without motor traffic / cycle path)
- asphaltiert (excursion or alternative route, paved surface)
- nicht asphaltiert (excursion, unpaved surface)
- schlecht befahrbar (excursion, bad surface)

Sonstiges (other cycle routes)
- sonstige Radroute (other cycle route)

- verkehrsreiche Radroute (cycle route with significant motor traffic)
- Kopfsteinpflaster (cobbled street)
- Einbahnführung (one-way connection)
- Fährverbindung (ferry connection)
- unbekannter Belag (road surface unknown)
- Tunnel (tunnel)
- Schiebestrecke (dismounting recommended)
- Zugverbindung (train connection)
- Radweg in Planung (planned cycle path)
- Radweg gesperrt (closed cycle path)
- Radfahrstreifen (cycle lane)
- straßenbegleitender Radweg (cycle path along road)
- Straße für Radfahrer gesperrt (road closed to cyclists)
- Beschriebene Fahrtrichtung (described direction)
- Wegpunkt (waypoint)

Steigungen / Entfernungen (gradient / distance)

- starke Steigung (steep gradient, uphill)
- leichte bis mittlere Steigung (light gradient, uphill)
- 2,4 Entfernung in Kilometern, gerundet (distance in km, rounded)

Radinformationen (important cycling information)

- Fahrradwerkstatt* (bike workshop*)
- Fahrradvermietung* (bike rental*)
- überdachter Abstellplatz* (covered bike stands*)
- abschließbarer Abstellplatz* (lockable bike stands*)
- E-Bike Ladestation (E-bike charging station)
- Infotafel* (information board*)
- Gefahrenstelle (dangerous section)
- Text beachten (read text carefully)
- Treppe (stairs)
- Tragestrecke (bicycle must be carried!)
- Engstelle* (constriction, bottleneck*)
- 17 Knotenpunktnummer der Wegweisung* (nodal point)
- Stadt-, Ortsplan (city map)

Nur in Ortsplänen (symbols only in the city maps)

- Parkhaus* (garage*)
- Theater* (theatre*)
- Post* (post office*)
- Apotheke* (pharmacy*)
- Krankenhaus* (hospital*)
- Feuerwehr* (fire-brigade*)
- Polizei* (police*)

* Auswahl (* selection)

Maßstab 1 : 75.000

1 cm ≙ 750 m   1 km ≙ 13,3 mm

0 1 2 3 4 5 6 7 8 9 10 11 12 13 14 15 km

Sehenswertes / Einrichtungen (sights of interest / facilities)

Kirche; Kapelle (church; chapel)
Kloster (monastery/convent)
Synagoge; Moschee (synagogue; mosque)
Schloss, Burg; Ruine (palace, castle; ruin)
Turm; Leuchtturm (tower; lighthouse)
Wassermühle; Windmühle (watermill; windmill)
Kraftwerk (power station)
Bergwerk; Höhle (mine; cave)
Flughafen; Denkmal (airport; monument)

sonstige Sehenswürdigkeit (other sight of interest)
Museum (museum)
Ausgrabungen; röm. Objekte (excavations; roman site)
Tierpark; Naturpark-Information (zoo; nature info)
Naturpark, -denkmal (nature reserve, monument)
sonstige Natursehenswürdigkeit (natural sight of interest)
Aussichtspunkt* (panoramic view*)
Tourist-Information; Gasthaus (tourist information; restaurant)
Hotel, Pension; Jugendherberge (hotel, guesthouse; youth hostel)
Camping-; Naturlagerplatz* (camping site; simple tent site*)
Einkaufsmöglichkeit*; Kiosk* (shopping facility*; kiosk*)
Rastplatz*; Unterstand* (picnic tables*; covered stand*)
Freibad; Hallenbad (outdoor pool; indoor pool)
Naturbad; Thermal-/Erlebnisbad (natural pool; thermal baths/waterpark)

Brunnen*; Parkplatz* (drinking fountain*; parking lot*)
Schönern sehenswertes Ortsbild (picturesque town)
Einrichtung im Ort vorhanden (facilities available)

Topographische Informationen (topographic information)

Kirche; Kapelle (church; chapel)
Kloster (monastery)
Synagoge; Moschee (synagogue; mosque)
Schloss, Burg; Ruine (palace, castle; ruins)
Turm; Leuchtturm (tower; lighthouse)
Wassermühle; Windmühle (windmill; water mill)
Kraftwerk; Solaranlage (power station; solar power station)
Bergwerk; Höhle (mine; cave)
Denkmal; Hügelgrab (monument; burial mound)
Flughafen; Flugplatz (airport; airfield)

Windkraftanlage (windturbine)
Funk- und Fernsehanlage (TV/radio tower)
Umspannwerk, Trafostation (transformer station)
Wegkreuz; hist. Grenzstein (wayside cross; boundary stone)
Sportplatz, Stadion (playing field, stadium)
Golfplatz; Tennisplatz (golf course; tennis courts)
Schiffsanleger; Schleuse (boat landing; sluice/lock)
Quelle; Kläranlage (natural spring; wastewater treatment plant)
Staatsgrenze mit Übergang (international border crossing)
Landesgrenze (country border)
Kreis-, Bezirksgrenze (district border)
Naturschutzgebiet, Naturpark, Nationalpark (nature reserve, national park)
Truppenübungsplatz, Sperrgebiet (prohibited zone)
Höhenlinie 100m/50m (contour line)
UTM-Gitter (in km; 2 km-Gitter) (UTM-grid)

A13 B12 Autobahn; Schnellstraße (motorway/freeway; expressway)
B236 Fernverkehrsstraße (highway)
Hauptstraße (main roads)
untergeordnete Hauptstraße (secondary main road)
Nebenstraße; Fahrweg (secondary road; side street/access road)
Weg; Fähre (track; ferry)
Straße geplant/in Bau (road planned/under construction)
Eisenbahn/Bahnhof; S-Bahnhof (railway/station; suburban station)
Eisenbahn stillgelegt; geplant (railway disused; planned)
Schmalspurbahn (narrow gauge railway)
Bergbahn; Seilbahn (mountain railway; cable car)
Wald; Parkanlage (forest; park)
Sumpf; Heide (marsh/bog; heath)
Weinbau; Gartensiedlung* (vineyards; allotment gardens*)
Steinbruch, Tagebau* (quarry, open cast mine*)
Friedhof; Düne, Strand (cemetery; dunes, beach)
Watt; Gletscher (tidal flats; glacier)
Felsen; Geröll (rock, cliff; scree)
Gewächshäuser*, Plantage* (greenhouses*, plantation*)
Gewerbe-, Industriegebiet (commercial/industrial area)
Siedlungsfläche; öffentl. Gebäude (built-up area)
Stadtmauer, Mauer (defensive wall, wall)
Damm, Deich (embankment, dike)
Kanal (canal)
Fluss/Staumauer/See (river/dam/lake)

Inhalt

Stadtpläne

Der Donau-Radweg von Wien nach Budapest

Ruhig und idyllisch ist der Donau-Radweg von Wien nach Budapest, denn in der österreichischen Hauptstadt beenden viele Radfahrer ihre Reise entlang des Flusses. Dabei ist der Abschnitt entlang der slowakischen Dunaj und der ungarischen Duna, wie die Donau in den jeweiligen Landessprachen genannt wird, nicht weniger spannend und abwechslungsreich. Dafür sorgt die wechselvolle Geschichte der Länder entlang der Route: Hier teilte einst der Eiserne Vorhang Europa in zwei Teile, heute muss man nicht einmal mehr den Reisepass vorzeigen und kann eine interessante Radreise durch Auwälder, verträumte Dörfer und sehenswerte Städte unternehmen.

Stromabwärts von Wien säumen urwüchsige, wildreiche Auwälder die Donau, an deren Rand viele Monarchen Wiens ihre Sommerresidenzen errichteten. Nach dem Krieg sprach man von „sterbenden Schlössern". Doch Österreich besann sich im letzten Augenblick und renovierte diese Stätten fürstlicher Jagdlust.

Ein gänzlich untergegangenes Reich hat am rechten Donauufer seine Spuren hinterlassen: Carnuntum. Rekonstruierte römische Gebäude zeigen, wie man im vierten Jahrhundert nach

Bratislava, Ruine Devin

LIVE-UPDATES

Als Online-Angebot finden Sie auf unserer Webseite eine Sammlung aktueller Änderungen und Korrekturen zu diesem Radtourenbuch. Diese Informationen sind immer auf dem neuesten Stand und ermöglichen Ihnen in Kombination mit der bestehenden Auflage dieses Buches die beste Reiseplanung. Das LiveUpdate zu diesem Titel ist frei verfügbar unter:

www.esterbauer.com/db_detail.php?buecher_code=DRW3

Sind Ihnen auf Ihrer Radreise Fehler und Änderungen zur Route, zum Übernachtungsverzeichnis oder den touristischen Daten aufgefallen? Über die Updateseite können Sie diese brandneuen Infos direkt an das bikeline-LiveUpdate-Team übermitteln. Wir freuen uns auf Ihr Update und bedanken uns im Namen aller Radler!

Den aktuellen bikeline-Track zu diesem Titel finden Sie, wenn Sie folgende Adresse in die Adresszeile Ihres Browsers eingeben:

tracks.world/?dir=hu/trk21xi380

Esztergom, Basilika

Christus gelebt hat. Die letzte große Siedlung am Donauufer auf österreichischer Seite ist das Städtchen Hainburg. Schwer befestigt mit dicken Stadtmauern und Türmen war die Stadt Schauplatz mehrerer Kriege, weswegen die Befestigungsanlagen weiter ausgebaut wurden – finanziert mit dem Lösegeld für Richard Löwenherz.

Über der Mündung der March in die Donau thront die Ruine der uralten Festung Theben. In der Ferne taucht schon die Burg von Bratislava auf. Der Abschnitt der Donau zwischen Hainburg und Bratislava wird „Hainburger Pforte" genannt. Hier trennt der Fluss die Hainburger Berge von den Kleinen Karpaten. Nachdem er Österreich verlassen hat, bildet er auf einem langen, durch Flachland führenden Abschnitt die Grenze zwischen Ungarn und der Slowakei. Da die slowakische Republik relativ klein ist, erscheint der Übergang von den Ebenen zu den Gebirgsketten sehr überraschend. Fast die Hälfte des Landes wird durch die im Norden liegenden Karpaten dominiert.

Kurz nach Bratislava wurde die Donau kanalisiert, die Fließgeschwindigkeit der Donau wird langsamer und der Fluss bildet einen der größten Staudämme Mitteleuropas. Natürlich war die Errichtung dieser Staustufen ein großer Eingriff in die Naturlandschaft zwischen Bratislava und Komárno, aber entlang dieses Stausees ist ein bei der Bevölkerung von Bratislava beliebtes Naherholungsgebiet entstanden. Auf dem Staudamm bei Čunovo ist sogar genug Platz für ein Wassersportzentrum und ein Museum.

Nachdem sich die Donau bei Medved'ov wieder ihre Ursprünglichkeit zurückerobert hat, fließt sie gemächlich an den Städten Komárno und Komárom vorbei, wo sich Freunde von Burgen, Festungsanlagen und Kultur unbedingt Zeit nehmen sollten.

Plötzlich scheint die Donau auf einen Felsen aufzulaufen. Eine Kuppel, so groß, dass man sie zuerst für eine Luftspiegelung am Horizont hält, blockiert Sicht und Strom. Dann zeichnen sich langsam die Konturen im grauen Dunst ab, und vor geblendeten Augen erscheint die ungarische Peterskirche. Esztergom ist der Sitz des ungarischen Primas.

Flussabwärts thront die Obere Burg auf einem Felsen über Visegrád. Wortreich beschrieben hat ein Erzbischof von Esztergom allerdings den Königspalast unterhalb der Burg. In seinem 1536 erschienenen Buch „Hungaria" schrieb er über das Königliche Schloss, dass es schöner und strahlender sei, als es sich mit Worten beschreiben ließe. Im 19. Jahrhundert fehlte vom Palast schon jede Spur. Kein Stein und keine Mauer bestätigten den Bericht des Bischofs. Später wurden jedoch die sehr sehenswerten Ruinen des Palastes freigelegt. Nach Visegrád macht der Strom einen Bogen um steile Felsen, befreit sich aus der Umklammerung der Berge und zieht gemächlich an der alten Bischofsstadt Vác vorüber. Dieser „Donauknie“ genannte Abschnitt zählt zu den Höhepunkten einer Reise entlang der Donau. Am anderen Donauufer, hinter der Insel, versteckt sich das altertümliche Städtchen Szentendre. Es ist heute noch so, wie es seine Bewohner im 18. Jahrhundert errichtet haben. Wenn ungarische Regisseure einen Barockhintergrund benötigen, schicken sie ihre Kameraleute immer hierhin. Mit ihren zahlreichen Kirchtürmen, verwinkelten, steilen Gässchen und Stiegen, den überbrückten Durchgängen und fliederduftenden Gärten lädt die Stadt zu einem romantischen Spaziergang ein. Man atmet die Kleinstadtluft und den Knoblauchduft der heißen Lángos. Viele Bewohner von Szentendre sind serbischer Abstammung und verleihen dem Städtchen südländisches Flair. Nirgendwo ist die Donau von Menschenhand großzügiger, prächtiger und würdiger eingefasst worden als in Budapest. Die ungarische Hauptstadt bildet den würdigen Abschluss einer Radreise entlang der Donau – oder einen wichtigen Zwischenort auf der langen Radtour Richtung Schwarzes Meer!

Streckencharakteristik

Länge

Die Länge des Donau-Radweges mit Start in Wien und Endziel Budapest beträgt für die slowakische Variante rund 315 Kilometer, die Tour auf ungarischer Seite ist rund 335 Kilometer lang. Ausflüge und alternative Routen sind dabei nicht berücksichtigt.

Wegequalität und Verkehr

In **Österreich** ist der Donau-Radweg bis auf ein kurzes Stück sehr gut ausgebaut und verläuft zum Großteil immer auf dem verkehrsfreien und asphaltierten Hubertusdamm.

In der **Slowakei** ist der Donau-Radweg seit Beendigung des Kraftwerkbaus bis nach Medved'ov hervorragend ausgebaut. Beiderseits des riesigen Stausees wurde ein asphaltierter Dammweg angelegt, teilweise fahren Sie auch auf asphaltierten Wegen parallel zum Damm. Der Radweg ist nur auf der rechten Donauseite bis nach Medved'ov ausgebaut, deshalb haben wir in unserem Buch nur diesen beschrieben. Zwischen Medved'ov und Štúrovo fahren Sie abwechselnd auf Straßen und auf Dammwegen, welche teils unbefestigt und schwer befahrbar sind.

Höhen- und Streckenprofil für die slowakische Donauseite

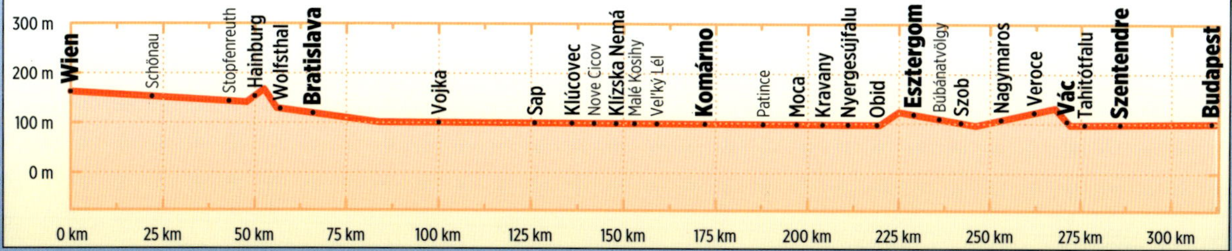

In **Ungarn** wurde und wird der Donauradweg kontinuierlich ausgebaut. Sie fahren größtenteils auf verkehrsarmen Straßen und neu angelegten Radwegen. Nur auf drei kurzen Abschnitten werden Sie über unbefestigte Wege geführt, die nach Regenfällen teilweise schwer passierbar sein können.

gelbes Radwegschild in Ungarn

grünes Radwegschild in Ungarn

Verkehrsreiche Abschnitte sind selten und meist – etwa in Wolfsthal oder zwischen Esztergom und Szob – von kurzer Dauer. Selbst der anstrengende Stadtverkehr in Budapest lässt sich auf einem Radweg am Donauufer größtenteils umgehen.

Beschilderung

Die Beschilderung fällt je nach Land sehr unterschiedlich aus. In **Österreich** ist der Donau-Radweg durchgehend bis zur Grenze mit großen, grünen, rechteckig-hochgestellten Schildern markiert. Die **Slowakei** hat diese Beschilderung bis Medved'ov in gleicher Form weitergeführt. Die Beschilderung in der Slowakei ist allerdings oft lückenhaft und nicht einheitlich.

In **Ungarn** ist der Donauradweg mittlerweile – als Teil der EuroVelo-Route 6 – vorbildlich und lückenlos beschildert. Es gibt zwei Varianten: Grüne Hinweisschilder auf endgültig ausgebauten Fahrradwegen und gelbe Hinweisschilder auf den Abschnitten, wo Sie (noch) auf Straßen oder schlechtere Wege ausweichen müssen.

Tourenplanung

Wichtige Telefonnummern

Internationale Vorwahlen:

Ungarn:	0036
Slowakei:	00421
Österreich:	0043

Zentrale Infostellen

WienTourismus, Wien-Hotels & Info, ✆ (0)1/24555, www.wien.info, info@wien.info

Slowakische Zentrale für Tourismus Österreich, Opernring 1, A-1010 Wien, ✆ (0)1/5139569, www.slovakia.travel, office.at@slovakia.travel

Slowakische Zentrale für Tourismus Deutschland, Hildebrandstr. 25, D-10785 Berlin, ✆ (0)30/25942640, www.slovakia.travel, office.de@slovakia.travel

Slowakische Zentrale für Tourismus, Lamačská c. 8, SK-81104 Bratislava, ✆ (0)2/50700801, www.slovakia.travel, sacrba@sacr.sk

Bratislava Information Service, Klobčnicka 2, SK-81101 Bratislava, ✆ 02/16186 od. (0)2/59356651, visit.bratislava.sk, touristinfo@bratislava.sk

Ungarisches Tourismusamt Berlin, Wilhelmstr. 61, D-10117 Berlin, ✆ (0)30/2431460, kostenloses Info-Telefon Ungarn ✆ 0800/36000000, de.gotohungary.com, berlin@ungarn-tourismus.de

Ungarisches Tourismusamt Frankfurt, Lyoner Str. 44-46, ✆ (0)69/928846-0, kostenloses Info-Telefon Ungarn ✆ 0800/36000000, de.gotohungary.com

Ungarisches Tourismusamt Wien, Opernring 1 R/707, A-1010 Wien, ✆ (0)1/585201213, kostenloses Info-Telefon Ungarn ✆ 0800/36000000, at.gotohungary.com, ungarninfo@ungarn-tourismus.at

Ungarisches Tourismusamt-Tourinform, Sütö u. 2, H-1052 Budapest, ✆ (0)1/4388080, www.tourinform.hu, suto@budapestinfo.hu

Verband der ungarischen Tourenradfahrer (MKTSZ), H-1065 Budapest, Pf. 483, ✆ 1/311-2467, www.facebook.com/pages/MKTSZ/553072134728576

An- und Abreise mit der Bahn

Eine gute Fernverkehrsverbindung von Budapest Keleti pu (Hauptbahnhof) zum Wiener Hauptbahnhof gibt es mit dem Railjet (RJ) oder dem Eurocity (EC). Beachten Sie, dass Sie hierfür einen Platz für Ihr Fahrrad buchen müssen. (€ 3,– online oder € 3,50 via Ticketschalter)

Aufgrund der sich ständig ändernden Preise und Bedingungen für Fahrradtransport empfehlen wir Ihnen, sich bei nachfolgenden Infostellen über Ihre ganz persönliche An- und Abreise mit der Bahn zu informieren.

Informationsstellen

Reise Service Deutsche Bahn AG: ✆ 0180/6996633 (€ 0,20-0,60/Min. Festnetz bzw. max. Tarif bei Mobilfunk), tägl. 0-24 Uhr, Auskünfte über Zugverbindungen, zur Fahrradmitnahme (Tastenwahl: 15 oder Stichwort: Fahrrad), Fahrpreise im In- und Ausland, Buchung von Tickets und Reservierungen, www.bahn.de, www.bahn.de/bahnundbike

Automatische DB-Fahrplanauskunft: ✆ 0800/1507090 (gebührenfrei aus dem Festnetz), ✆ 0180/5221100 (gebührenpflichtig aus dem Mobilfunknetz, den jeweiligen Tarif erfahren Sie bei Ihrem Netzbetreiber) od. www.bahn.de/abfahrtstafel

ADFC, Allgemeiner Deutscher Fahrrad-Club e.V.: weitere Infos und aufgeschlüsselte Einzelverbindungen unter

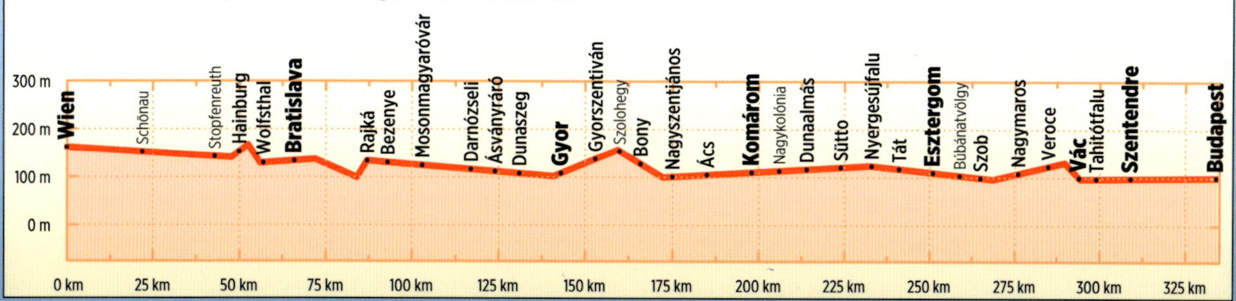

Höhen- und Streckenprofil für die ungarische Donauseite

www.adfc.de/bahn

Österreichische Bundesbahnen: CallCenter ✆ 05/1717 (österreichweit zum Ortstarif) www.oebb.at

MÁV, Ungarische Staatsbahn AG, Inlandsauskünfte ✆ 40/494949, Internationale Auskünfte ✆ 0640/494949, www.mavcsoport.hu/de

FÖVINFORM, Budapest, Verkehrsinformation, ✆ 013/255255, www.fovinform.hu

ZSSK, Slowakische Staatsbahnen, Bratislava, ✆ 24/4858188

Fahrradtransport

Hermes-Privat-Service (innerhalb Deutschlands):

✆ 01806/311211 (€ 0,20/Anruf, Mobilfunk max. € 0,60/Anruf Min.), www.myhermes.de

Unter der Rubrik „Fahrrad versenden" am unteren Seitenrand erfahren Sie die aktuellen Preise und Modalitäten für den Fahrradversand.

An- und Abreise mit dem Schiff

Mit dem Twin City Liner gelangen Sie in rund 1,5 Stunden von Wien nach Bratislava. Für die Fahrradmitnahme ist eine Anmeldung erforderlich und kostet € 5,-. Nähere Infos bei **DDSG Blue Danube Schifffahrt GmbH Wien**, ✆ 01/588800, www.ddsg-blue-danube.at

Zwischen Esztergom und Budapest haben Sie die Möglichkeit, auf ein „normales" Schiff umzusteigen. Fahrräder können hier je nach Platzangebot mitgenommen werden. Der Fahrpreis für eine einfache Fahrt von Budapest nach Esztergom beträgt € 10,-. Für die Fahrradbeförderung bezahlen Sie € 5,-. Zwischen Mai und September verkehren Schiffe ab Esztergom um 16.30 Uhr (Ankunft Budapest ca. 20 Uhr) und ab Budapest-Vigadó tér um 9 Uhr. Die Reise durch das Donauknie dauert stromaufwärts ca. sechs Stunden und stromabwärts etwa 4,5 Stunden. Genauere Auskünfte erhalten Sie bei **Mahart Passnave Schifffahrt**, Belgrád rakpart, H-1056 Budapest, ✆ 1/484-4000 oder -4013. Da sich Abfahrtszeiten und Preise oft sehr schnell ändern, bitten wir Sie, sich vor Antritt der Reise über die genauen Zeiten und Tarife zu informieren. www.mahartpassnave.hu

Übernachtung

In **Österreich** finden Sie viele unterschiedliche Übernachtungsmöglichkeiten – von edlen Hotels bis hin zu gemütlichen Pensionen und Privatzimmern. Vor allem in der Hauptsaison können die Unterkünfte schnell ausgebucht sein, weswegen es sich empfiehlt, diese schon im Voraus zu buchen.

Entlang der Route in **Ungarn** gibt es in sehr vielen Orten Privatzimmer, in denen man zu erschwinglichen Preisen angenehm übernachten kann. Meist wird auch ein gutes Frühstück angeboten, welches aber oftmals extra zu bezahlen ist. Die Reservierung der Zimmer ist nur in der Hauptreisezeit notwendig. In Budapest ist die Reservierung von Zimmern im Voraus unbedingt zu empfehlen. In Notfällen kann man immer mit der Hilfsbereitschaft der Ungarn rechnen, die außerordentlich gastfreundlich sind. Die Hotels sind meist teuer, bieten aber jeden Komfort. Pensionen sind wesentlich günstiger, meist sehr gepflegt und deshalb sehr zu empfehlen. Während der Sommermonate besteht in Budapest auch die Möglichkeit, in Studentenwohnheimen günstig zu übernachten. Informationen dazu gibt es bei der Touristinformation und im Internet.

In der **Slowakei** sind die Übernachtungsmöglichkeiten dünn gesät, auch die einschlägigen Reisebüros halten wenige Informationen über die Region an der Donau bereit.

Mit Kindern unterwegs

Der Donauradweg zwischen Wien und Budapest ist – zumindest ab Medved´ov – nur bedingt für Kinder geeignet. Der Verkehr auf unvermeidbaren Streckenabschnitten bereitet Kindern unter zwölf Jahren zu große Schwierigkeiten, weshalb Sie die Tour mit jüngeren Kindern nicht unternehmen sollten.

Radreiseveranstalter

Eurobike Eurofun Touristik GmbH, Mühlstr. 20, A-5162 Obertrum am See, ✆ 06219/7444, Infohotline (gratis aus Deutschland) ✆ 0800/5889718, Fax: 06219/8272, eurobike@eurobike.at, www.eurobike.at

Kunath Reisen, Robert Blum Str. 9, D-08523 Plauen, ✆ 03741/4060780 od. ✆ 0179/2254367, www.kunathreisen.de, mail@kunathreisen.de

Donau-Touristik GmbH, Lederergasse. 4-12, A-4010 Linz, ✆ 0732/2080, Fax: 0732/20808, www.donaureisen.at office@donautouristik.com,

Rad & Reisen, Schickg. 9, A-1220 Wien, ✆ 01/4053873, Fax: 01/405387317, www.radreisen.at, office@radreisen.at

Austria Radreisen, Joseph-Haydn-Str. 8, A-4780 Schärding, ✆ 07712/55110, Fax: 07712/4811, www.austria-radreisen.at, office@austria-radreisen.at

Velotours Touristik GmbH, Bücklestr. 13, CH-78467 Konstanz, ✆ 0049/7531/98280, Fax: 0049/7531/982898, www.velotours.de, info@velotours.de

Oberösterreich Touristik

GmbH, Freistädter Str. 119, A-4041 Linz, ✆ 0732/7277-260, Fax: 0732/7277-220, www.touristik.at, info@touristik.at

Pedalo, Kickendorf 1a, A-4710 Grieskirchen, ✆ 0800/2400999 (kostenlos aus A, D und CH) od. ✆ 07248/635840, Fax: 07248/635844, www.pedalo.com, info@pedalo.com

Velociped Fahrradreisen, Alte Kasseler Str. 43, D-35039 Marburg, ✆ 06421/886890, Fax: 06421/8868911, www.velociped.de, info@velociped.de

Velo-Touring, Elöpatak u. 1, H-1118 Budapest, ✆ 1/3190571; Notfallhandy ✆ 30/9425955 Fax: 1/3190571, www.velo-touring.hu, pedal@velo-touring.hu

Reisen & Radeln, Carl-Benz-Str. 49, D-73235 Weilheim Teck, ✆ 07023/7433330, Fax: 07023/95708419, www.reisen-radeln.de, info@reisen-radeln.de

Rückenwind Reisen, Am Patentbusch 14, D-26125 Oldenburg, ✆ 0800/5889717 (kostenlos aus D) od. ✆ 0441/485970, Fax: 0441/4859723, www.rueckenwind.de, info@rueckenwind.de

Zu diesem Buch

Dieser Radreiseführer enthält alle Informationen, die Sie für den Radurlaub entlang der Donau benötigen: Exakte Karten, eine detaillierte Streckenbeschreibung, ein ausführliches Übernachtungsverzeichnis, Stadt- und Ortspläne und die wichtigsten Informationen zu touristischen Attraktionen und Sehenswürdigkeiten.

Und das alles mit der ***bikeline*-Garantie**: die Routen in unseren Büchern sind von unserem professionellen Redaktionsteam vor Ort auf ihre Fahrradtauglichkeit geprüft worden. Um höchste Aktualität zu gewährleisten, nehmen wir nach der Befahrung Korrekturen von Lesern bzw. offiziellen Stellen bis Redaktionsschluss entgegen, die dann jedoch teilweise nicht mehr an Ort und Stelle verifiziert werden können.

Die Radtour ist nicht in Tagesetappen sondern in logische Abschnitte aufgeteilt, weil die Tagesleistung zu sehr davon abhängt, wie sportlich oder genussvoll Sie die Strecke in Angriff nehmen möchten.

Die Karten

Die Detailkarten sind im Maßstab 1 : 75.000 erstellt. Dies bedeutet, dass 1 Zentimeter auf der Karte einer Strecke von 750 Metern in der Natur entspricht. Zusätzlich zum genauen Routenverlauf informieren die Karten auch über die Beschaffenheit des Bodenbelages (befestigt oder unbefestigt), Steigungen (leicht oder stark), Entfernungen sowie über kulturelle, touristische und gastronomische Einrichtungen entlang der Strecke.
Allerdings können selbst die genauesten Karten den Blick auf die Wegbeschreibung nicht ersetzen. Komplizierte Stellen werden in der Karte mit diesem Symbol gekennzeichnet, im Text finden Sie das gleiche Zeichen zur Markierung der betreffenden Stelle wieder. Beachten Sie, dass die empfohlene Hauptroute immer in Rot und Violett, Varianten und Ausflüge hingegen in Orange dargestellt sind. Die genaue Bedeutung der einzelnen Symbole wird in der Legende auf den Seiten 4 und 5 erläutert.

Höhen- und Streckenprofil

Das Höhen- und Streckenprofil gibt Ihnen einen grafischen Überblick über die Steigungsverhältnisse, die Länge und die wichtigsten Orte entlang der Radroute. Es können in diesem Überblick nur die markantesten Höhenunterschiede dargestellt werden, jede einzelne kleinere Steigung wird in dieser grafischen Darstellung nicht berücksichtigt. Die Steigungs- und Gefälleverhältnisse entlang der Route finden Sie im Detail mit Hilfe der Steigungspfeile in den genauen Karten.

Der Text

Der Textteil besteht im Wesentlichen aus der genauen Streckenbeschreibung, welche die empfohlene Hauptroute enthält. Stichwortartige Streckeninformationen werden von dem Zeichen begleitet. Manche besonders markante oder wichtige Punkte auf der Strecke sind als Wegpunkte 1, 2, 3, ... durchnummeriert und – zur besseren Orientierung – mit dem selben Symbol in den Karten wieder zu finden.
Unterbrochen wird dieser Text gegebenenfalls durch orangefarbige Absätze, die Varianten und Ausflüge behandeln.

TIPP Textabschnitte in Violett heben Stellen hervor, an denen Sie Entscheidungen über Ihre weitere Fahrstrecke treffen müssen, z. B. wenn die Streckenführung von der Wegweisung abweicht oder mehrere Varianten zur Auswahl stehen u. ä.

AUSFLUG **Sie weisen auch auf Ausflugstipps, interessante Sehenswürdigkeiten oder Freizeitaktivitäten etwas abseits der Route hin.**

Ferner sind alle wichtigen Orte zur besseren Orientierung aus dem Text hervorgehoben. Gibt es interessante Sehenswürdigkeiten in einem Ort, so finden Sie unter dem Ortsbalken die jeweiligen Adressen, Telefonnummern, Öffnungszeiten-Kategorien und Weblinks.

Die Beschreibung der einzelnen Orte sowie historisch, kulturell oder naturkundlich interessanter Gegebenheiten entlang der Route trägt zu einem abgerundeten Reiseerlebnis bei. Diese Textblöcke sind kursiv gesetzt und unterscheiden sich dadurch auch optisch von der Streckenbeschreibung.

Öffnungszeiten – Kategorien

- Öffnungszeiten
- frei zugänglich
- täglich
- häufig (5-6 Tage/Wo.)
- durchschnittlich (3-4 Tage/Wo.)
- selten (bis 2 Tage/Wo.)
- nach tel. Anfrage

Diese Angaben gelten während der Radsaison und dienen als Orientierungshilfe. Die tagesaktuellen Öffnungszeiten finden Sie über den Weblink.

Weblink

Im Ortsdatenblock bei dem jeweiligen touristischen Eintrag befindet sich nach dem @ Symbol eine sechsstellige Zahlen- und Buchstabenkombination *(z. B. @ abc123)*. Die Eingabe dieser Weblink-ID auf unserer Internetseite www.esterbauer.com leitet Sie direkt auf die entsprechende Webseite weiter und ersetzt somit die mühsame Eingabe ellenlanger Webadressen.

Übernachtungs- und Serviceverzeichnis

Auf den letzten Seiten dieses Radtourenbuches sind zu fast allen Orten entlang der Strecke eine Vielzahl von Übernachtungsmöglichkeiten aufgelistet, vom einfachen Zeltplatz bis zum 5-Sterne-Hotel. Zusätzlich finden Sie umfangreiche Informationen zu Radwerkstätten und Radverleihstationen.

Von Wien nach Bratislava

69 km

Der erste Abschnitt Ihrer Radtour führt Sie auf beschilderten Radwegen durch ausgedehnte Aulandschaften. Die urwaldartigen Wälder sind von Altarmen der Donau und Tümpeln durchzogen. Doch zuvor durchstreifen Sie im Stadtgebiet von Wien den Prater und die Lobau. Zwischen Wien und Hainburg radeln Sie dann auf dem Hubertusdamm durch die Stopfenreuther und Hainburger Au. Von Hainburg aus lässt sich die einstige römische Lagerstadt Carnuntum mit dem Fahrrad bequem erkunden. Hinter der Hainburger Pforte verlassen Sie schließlich das österreichische Staatsgebiet und erreichen die aufstrebende slowakische Hauptstadt Bratislava.

In diesem Abschnitt radeln Sie auf beschilderten Rad- und Dammwegen von guter Beschaffenheit. Lediglich im Stadtzentrum von Wien und auf der B 9 bei Wolfsthal ist wegen erhöhtem Verkehrsaufkommen Vorsicht geboten.

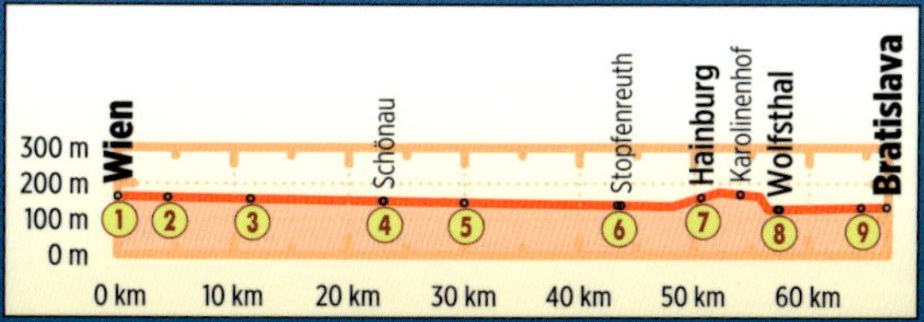

Vom Hauptbahnhof in die Innenstadt *2,5 km*

Falls Sie nicht bereits mit dem Fahrrad nach Wien angereist sind, sondern nach einer längeren Bahnfahrt den Ausgangspunkt Ihrer Tour erreicht haben, so befinden Sie sich am **Hauptbahnhof.** Von hier können Sie eine Erkundungstour der Wiener Innenstadt starten. Direkt zum Stephansplatz gelangen Sie mit der **U 1**, aber natürlich können Sie auch mit dem Rad fahren.

TIPP Am 2014 eröffneten Hauptbahnhof werden täglich 1.100 Züge mit rund 145.000 Fahrgästen abgefertig. Um sich hier zurechtzufinden, besorgen Sie sich am besten einen Stations- und einen Umgebungsplan.

Mit dem Rad starten Sie Ihre Sightseeing Tour am besten am Haupteingang des Bahnhofs beim **Wiedner Gürtel/Südtiroler Platz** ~ überqueren Sie den Gürtel und radeln Sie ein kurzes Stück die **Favoritenstraße** entlang ~ bei der ersten Gelegenheit rechts in die **Schelleingasse** abbiegen ~ am Ende der Gasse links in die **Argentinierstraße** ~ diese fahren Sie nun entlang und umrunden eine Kirche und stoßen schießlich auf den **Karlsplatz**. Namensgeber dieses Platzes ist die barocke Karlskirche mit ihrer imposanten Kuppel ~ von hier aus sind es nur mehr wenige Meter bis zum Ring, radeln Sie links am Park entlang ~ an dessen Ende schräg rechts in die **Operngasse** ~ nach wenigen Minuten stoßen Sie auf die Straßenbahnlinien am Ring. Schräg gegenüber ist schon das namensgebende Gebäude – die **Wiener Staatsoper** – zu sehen.

TIPP An der Ringstraße reihen sich eine Vielzahl von Sehenswürdigkeiten aneinander: Die Staatsoper, das Natur- und das Kunsthistorische Museum, die Hofburg, das Parlament, das Rathaus, das Burgtheater, die Universität und vieles mehr. Wie zu Kaisers Zeiten können Sie eine Sightseeing Tour mit dem Fiaker unternehmen. Die Prunkbauten entlang des Ringes kann man aber – dank des Ringradweges – auch per Fahrrad besuchen. Ob Sie nun im oder gegen den Uhrzeigersinn radeln, bleibt Ihnen überlassen, auf den Donauradweg treffen Sie in jedem Fall bei der Urania am Donaukanal.

Wenn Sie auf der Suche nach dem **Wiener Stephansdom** sind, sollten Sie quer durch die City radeln. Wenn Sie vor der Oper stehen, befindet sich rechts davon der – nach dem Dirigenten benannte – **Herbert-von-Karajan-Platz**. Direkt dahinter beginnt die **Kärntner Straße**, die Sie zum **Stephansplatz** führt. In dieser belebten Einkaufsmeile müssen

Wien
400 m
Sigmund Freud Museum
Votivkirche
Schottentor
Schottenstift
Jüd. Museum
St. Ruprecht's
Uhrenmuseum
Römermuseum
Rathaus
Burgtheater
I. Innere Stadt
Stephansdom
Mozarthaus
Volksgarten
Parlament
Sisi Museum
Alte Hofburg
Spanische Hofreitschule
Kaiserliche Schatzkammer
Neue Hofburg
Naturhistor. Museum
Theatermuseum
Nationalbibliothek
Burggarten
Albertina
Haus der Musik
mumok
Spittelberg
Museumsquartier
Kunsthistor. Museum
Leopoldmuseum
Staatsoper
Stadtpark
Secession
Naschmarkt
Kunsthalle Wien
Resselpark
Wien Museum
MAK
KunstHausWien
Hundertwasserhaus
Riesenrad
Wiener Prater
Venediger-Au-Park
Ausstellungsstr.
Praterstern
Praterstraße
Taborstraße
Obere Donaustraße
Untere Donaustraße
Franz-Josefs-Kai
Dampfschiffstraße
Radetzkystr.
Weißgerberlände
Schüttelstr.
Erdberger Lände
Rotundenallee
Landstraßer Hauptstr.
Ungargasse
Schottenring
Universitätsring
Burgring
Opernring
Kärntner Ring
Schubertring
Parkring
Stubenring
Maria-Theresien-Straße
Alserstraße
Universitätsstraße
Lerchenfelder Straße
Neustiftgasse
Burggasse
Siebensterng.
Getreidemarkt
Karlsplatz
Lothringerstr.
Am Heumarkt
Wiedner Hauptstr.
Wollzeile
Rasumofskyg.
Neulingg.
Hauptallee
Lazarettgasse
Spitalgasse
Währinger Str.
Landesgerichtsstr.
Auerspergstr.
Museumsstr.
Museumsplatz
Josefstädter Str.
Vordere Zollamtsstraße
Am Stadtpark
Invalidenstr.
Erdbergstr.
Sportclubstr.
Rustenschacher Allee
Vivariumstr.

Sie Ihr Fahrrad aber bis zum Stephansplatz schieben. Danach fahren Sie über die **Rotenturmstraße** hinunter zum **Schwedenplatz**. Entlang des **Donaukanals** können Sie dann bequem zur Urania radeln, von dort führt der Donauradweg nach Budapest.

TIPP Bevor Sie sich auf den Weg nach Budapest machen stärken Sie sich am besten bei einem Heurigen in Grinzing, Stammersdorf oder Nussdorf bei einem „Glaserl" Wein und einer „Brettljause" oder Sie genießen noch einen Melange (Milchkaffee) in einem der gemütlichen Kaffeehäuser.

Wien Ⓐ

Vorwahl: 01

- **Tourist-Information**, Albertinapl./Maysederg., 1. Bezirk (Wien), ✆ 24555, @ yjw785
- **Tourist-Information Hauptbahnhof**, Am Hauptbahnhof 1, im Infopoint der ÖBB, ✆ 24555, @ vnr853
- **DDSG Blue Danube**, Handelskai 265, ✆ 58880. Standorte: Schwedenplatz, Marina Wien, Reichsbrücke, @ qyb267
- **Albertina**, Albertinapl. 1, ✆ 53483 Eines der bedeutendsten Museen der Welt: von Michelangelo bis Rubens, von Dürer bis Picasso reichen die Sammlungen. Immer wieder finden auch bedeutende Ausstellungen über verschiedene Künstler oder Fotografie statt. Hier werden mehr als 60.000 Zeichnungen und ca. 1 Million druckgraphische Blätter von der Spätgotik bis zur zeitgenössischen Moderne aufbewahrt. @ wpa636
- **Heeresgeschichtliches Museum**, Arsenal, Objekt 1, ✆ 795610 Im orientalisch-klassizistischen Bau von 1857, dem ersten geplanten Museum Wiens, befinden sich wertvolle Sammlungen zur Militärgeschichte Österreichs vom Dreißigjährigen Krieg bis zum Ersten Weltkrieg. Unter anderem ist der Wagen ausgestellt in dem Erzherzog Franz Ferdinand, und seine Gemahlin Sophie Chotek am 28. Juni 1914 in Sarajewo von Gavrilo Princip erschossen wurden. Das Attentat löste eine europäische Krise aus, die zum Ersten Weltkrieg führte. @ ksl841
- **Kunsthistorisches Museum**, Burgring 5, Maria-Theresien-Platz, ✆ 525240 Zählt zu den bedeutendsten Kunstsammlungen der Welt. Den Kern der Gemäldegalerie bilden Werke von Dürer, Rubens, Tizian und Bruegel d. Ä. (größte Bruegel-Sammlung der Welt). Weiters besonders sehenswert: Ägyptisch-Orientalische Sammlung, Antikensammlung, Münzkabinett, die Kunstkammer mit den berühmten Goldschmiedearbeiten, meisterhaften Bronzestatuen, filigranen Elfenbeinarbeiten u. v. m. @ jbg576
- **MAK - Österreichisches Museum für angewandte Kunst**, Stubenring 5, ✆ 711360 Möbel, Textilien oder Glas und Keramik - wie Kunst den Alltag und der Alltag die Kunst beeinflusst, können im MAK erkundet werden. Ausgestellt sind ostasiatische und islamische Kunst, Kunstblätter, Metallarbeiten und Werke der Wiener Werkstätte bis hin zu einer Sammlung von Teppichen und den Arbeiten moderner Künstlerinnen und Künstler. @ mlt288
- **Mozarthaus Vienna**, Domg. 5, ✆ 5121791 Drei Jahre, von 1784 bis 1787, lebte Wolfgang Amadeus Mozart in diesem Haus. Die Ausstellung behandelt sein Werk und Leben. @ ewy774
- **Naturhistorisches Museum**, Burgring 7, Maria-Theresien-Platz, ✆ 521770 Das Museum beherbergt seltene Rohdiamanten und Meteoriten, eine Fossiliensammlung mit 15.000 Skeletten (darunter Dinosaurier) und eine anthropologische Sammlung vom Jungpaläolithikum bis zur Gegenwart. Auch das Original der „Venus von Willendorf" ist hier ausgestellt. @ umu572
- **Österreichische Galerie Belvedere**, Prinz-Eugen-Str. 27, Oberes Belvedere, ✆ 79557134 Die Schau bietet einen Überblick über die österreichische Malerei vom Biedermeier über die Ringstraßenzeit bis zum Jugendstil. Neben der größten Sammlung der Werke von Klimt, Schiele und Kokoschka, sind auch Waldmüller, Romako, Makart und Wotruba zu sehen. @ cpu853
- **Österreichische Nationalbibliothek**, Josefspl. 1, ✆ 53410 Außerdem sehenswert: Prunksaal, Literaturmuseum, Globenmuseum, Papyrusmuseum und Esperantomuseum. Vater und Sohn Fischer von Erlach schufen 1723-37 im Prunksaal einen der glanzvollsten Räume des Barock. Die Deckengemälde stammen von Daniel Gran. Im Mittelpunkt stehen jedoch die 15.000 goldgepressten Bände des librophilen Prinzen Eugen von Savoyen. @ xhe814
- **Kaiserliche Schatzkammer**, Hofburg-Schweizerhof, ✆ 525240 Eine der bedeutendsten Schatzkammern der Welt verwahrt

die Kaiserkrone des Heiligen Römischen Reiches (um 962), die österreichische Kaiserkrone, den Burgunderschatz und den Schatz des Ordens vom Goldenen Vließ. @ytp216

21er Haus – Museum für zeitgenössische Kunst, Arsenalstr. 1, Quartier Belvedere, ✆ 79557770 Das Museum zeigt österreichische Kunst des 20. und 21. Jhs und ist in einem sehenswerten Gebäude, das von Stararchitekt Karl Schwanzer als Österreich-Pavillon für die damalige Weltausstellung im Jahr 1958 entworfen wurde, untergebracht. @eje228

Dritte Mann Museum, Pressg. 25, ✆ 5864872 Hier dreht sich alles rund um den Filmklassiker „Der dritte Mann" und um das Wien der Nachkriegszeit. @isf382

Haus der Musik, Seilerstätte 30, ✆ 5134850 Im modernen, interaktiven Erlebnismuseum wird die Welt der Musik sicht- und hörbar. @gtx815

Haydnhaus, Haydng. 19, ✆ 5961307 Informatives über die letzten Lebensjahre des Komponisten. @okk657

Jüdisches Museum, Dorotheerg. 11, ✆ 5350431. Rund 50 Jahre nach Kriegsende öffnete wieder ein jüdisches Museum seine Tore in Wien. Die Wechselausstellungen zeigen jüdische Kulturgeschichte, bildende Kunst, Literaturgeschichte und Fotografie. Weiterer Standort: 1., Judenpl. 8

Kunst Haus Wien, Untere Weißgerberstr. 13, ✆ 7120491 Zu sehen sind vor allem die Werke von Hundertwasser (Malerei, Architektur, Skulpturen) und wechselnde Ausstellungen von Künstlern des 20. Jhs. @puh754

Kunsthalle Wien, Treitlstr. 2, ✆ 521890 Wechselausstellungen zeitgenössischer Kunst sowie Meisterwerke der klassischen Moderne. Zweiter Standort: 7., Museumsplatz 1, @jxq341

Leopoldmuseum, Museumspl. 1, im MuseumsQuartier, ✆ 525700 Eine beträchtliche Sammlung, die über 5.000 Exponate umfasst, gewährt Einblick in die moderne österreichische Kunst. Neben spannenden Wechselausstellungen beherbergt es die umfangreichste und bedeutendste Egon-Schiele-Sammlung der Welt sowie berühmte Werke von Gustav Klimt, Oskar Kokoschka, Richard Gerstl, Koloman Moser und vielen anderen Künstlern. @njb763

mumok – Museum moderner Kunst, Museumspl. 1, Museumsquartier, ✆ 525000 Moderne und zeitgenössische Kunst. Außergewöhnliche Sammlung mit Werken der Klassischen Moderne, der Pop Art, Wiener Aktionismus, aktuelle Film- und Medienkunst. @tel748

MuseumsQuartier, Museumspl. 1, ✆ 5235881 Spektakuläres Kulturareal am Rand der Wiener Altstadt und achtgrößter Museumsbezirk der Welt. @xfd527

Römermuseum, Hoher Markt 3, ✆ 5355606 Interaktive Ausstellung zur Geschichte des Legionärslagers Vindobona. @pka174

Sigmund-Freud-Museum, Bergg. 19, ✆ 3191596 Von 1891 bis 1938 wohnte hier der Begründer der Psychoanalyse, bevor er Österreich verlassen musste. Freuds einstige Ordination ist heute als Museum eingerichtet. @eua627

Sisi Museum, Michaelerkuppel, Hofburg-Kaiserappartements, ✆ 5337570 Zentrale Themen im eindrucksvoll wie einfühlsam gestalteten Sisi Museum sind die unbeschwerte Mädchenzeit in Bayern, die überraschende Verlobung mit dem Kaiser sowie ihre offizielle Rolle als österreichische Kaiserin. @sxb461

Theatermuseum, Lobkowitzpl. 2, ✆ 525243460 Das Museum beinhaltet vor allem Bühnenmodelle, Kostüme und Requisiten sowie Fotos und Zeichnungen. @kea186

Uhrenmuseum, Schulhof 2, ✆ 5332265 Ausstellung von 3.000 Uhren, u. a. mit allen möglichen Kuriositäten. @cse558

Verkehrsmuseum Remise, Ludwig-Koeßler-Pl. 109, ✆ 790946803 Mehr als 80 historische Fahrzeuge seit 1871 sowie Autobusse und Wagen der ehemaligen Wiener Stadtbahn. @ysc885

Waschsalon Nr. 2, Halteraug. 7, ✆ 0680/1415744 Im denkmalgeschützten Karl-Marx-Hof zeigen vier Themenbereiche die Geschichte des Roten Wien der Ersten Republik. @tsr184

Weltmuseum Wien, Neue Burg/Heldenpl., ✆ 534305052 Ethnologisches Museum mit einzigartigen Kulturschätzen aus aller Welt und spannenden Geschichten dazu. @bkd354

Wien Museum, Karlspl. 8, ✆ 5058747 Historisches Museum der Stadt Wien. Eine faszinierende Mischung aus Kunst und Geschichte auf drei Etagen, von der Jungsteinzeit bis zur Mitte des 20. Jhs. @uam287

Wiener Secession, Friedrichstr. 12, ✆ 5875307 Nach Plänen von Joseph Olbrich wurde das Haus 1897-98 für die progressive Künstlergruppe der „Wiener Secession" errichtet. Neben Wechselaustellungen moderner Kunst ist hier heute der 34 m lange Beethoven-Fries von Gustav Klimt zu besichtigen. @tyg288

Stephansdom, Stephanspl., ✆ 5137648 Österreichs bedeutendstes gotisches Bauwerk. Neben dem Riesenrad Wahrzeichen Wiens, gilt er auch als Wahrzeichen Österreichs. Er repräsentiert die (Bau-)Geschichte von 800 Jahren. Sehenswertes: das Grabmal Kaiser Friedrichs III. aus rotem Marmor, die Kanzel Anton Pilgrams von 1514/15, der „Wiener Neustädter Altar" von 1447. Unter dem Dom weit verzweigtes Katakombensystem mit wertvollen historischen Zeugnissen. @usi533

Hofburg, Michaelerkuppel, Eingang Heldenplatz, ✆ 5337570 Bis 1918 war die prächtige Burganlage in der Mitte von Wien das Zentrum der ehemaligen Monarchie, heute erfüllt sie dieselbe Funktion für die Republik Österreich. Außerdem beherbergt die Hofburg heute die Spanische Hofreitschule, die Österreichische Nationalbibliothek, das Sisi Museum sowie die Kaiserappartements. @cai462

Schloss Belvedere, Prinz-Eugen-Str. 27, ✆ 79557134 Das Schloss, das als eines der schönsten barocken Bauwerke gilt, wurde als Sommerresidenz für Prinz Eugen von Savoyen ab 1700 unter der Bauleitung von Lukas von Hildebrandt errichtet. Das Gebäude wird von einem eleganten Terrassengarten mit Kaskaden und Plastiken ergänzt. @jeh616

Schloss Schönbrunn, Schönbrunner Schlossstr. 47, ✆ 811130 Das ursprünglich von Fischer von Erlach größer und prächtiger als Versailles geplante Barockschloss entstand mit 1.441 Zimmern und Sälen in den Jahren 1696-1730. Es diente als Sommerresidenz der Habsburger und hier fand auch der Wiener Kongress statt. @spo121

Palais Liechtenstein, Fürsteng. 1, ✆ 31957670 Im Garten- und Stadtpalais werden Werke und Möbel aus fünf Jh. aus der Sammlung der Fürsten von und zu Liechtenstein gezeigt. @odi284

Burgtheater, Universitätsring 2, ✆ 514444140, @lie188

Marionettentheater, Schloss Schönbrunn, Hofratstrakt, ✆ 8173247, Vorstellungen ganzjährig. Das preisgekrönte Marionettentheater pflegt die Tradition des kunstvollen Spiels mit kostbaren Marionetten und sorgt zusammen mit Mozarts Musik für fürstliche Unterhaltung.

Staatsoper, Opernring 2, ✆ 514442250, @kgq385

Naschmarkt, Wienzeile zwischen Getreidemarkt und Kettenbrückengasse, ✆ 400005430 Der größte Obst- und Gemüsemarkt Wiens zeigt voller Individualität und Atmosphäre die lebendige Antithese zu Supermärkten, und die Begegnung vieler Kulturen. Samstags großer Flohmarkt.

Wiener Prater

Wiener Prater, ✆ 7295430 (24) Der Prater ist der älteste Vergnügungspark der Welt und ist rund um die Uhr frei zugänglich. Im Gelände befinden sich zahlreiche Attraktionen, wie das Riesenrad, eine Geisterbahn, eine Hochschaubahn, ein kleines Casino u.v.m. @ mkl648

Hundertwasserhaus, Kegelg. 36-38 (24) Das Gebäude zieht Besucher aus aller Welt an, denn es trägt die unverkennbare Handschrift des österreichischen Künstlers Friedensreich Hundertwasser, der bekannt für seine fantasievolle Lebendigkeit sowie Individualität war.

PEDAL POWER Bike & Segway Tours, Bösendorferstr. 5, 1. Bezirk (Wien), ✆ 7297234. Geführte Radtouren, @ mrs253

Rad & Schnellbahn, Mo-Fr 9-15 Uhr und ab 18.30 Uhr, Sa ab 9 Uhr, So/Fei ganztägig. In Zügen, die im Fahrplan mit einem Fahrradsymbol gekennzeichnet ist, ist die Mitnahme jederzeit möglich. In der Kernzone Wien (Zone 100) muss dafür ein Halbpreis-Fahrschein, auf allen anderen Strecken eine Fahrrad-Karte gelöst werden.

Rad & U-Bahn, Mo-Fr 9-15 Uhr und ab 18.30 Uhr, Sa, So/Fei ganztägig. Der Transport ist gratis. Einstieg nur an Türen mit Fahrradsymbol.

Spanische Hofreitschule, Michaelerpl. 1, Besucherzentrum, ✆ 53390310 (7d), @ ack331

Spittelberg, im 7. Bezirk. Der Stadtteil zwischen Breite Gasse und Stiftgasse besitzt Modellcharakter für eine Revitalisierung mit Erhaltung der historischen (in dem Fall biedermeierzeitlichen) Bausubstanz und präsentiert sich heute als ein „Beisl"- und Kunstviertel mit Flair.

Wien-Karte, ✆ 211140. 48- od. 72-Stunden-Karte für die öffentlichen Verkehrsmittel inkl. Ermäßigungen bei vielen Museen und Sehenswürdigkeiten in Wien. Erhältlich u. a. bei der Tourist-Info, in Hotels und an den Verkaufsstellen der größeren U-Bahnhöfe. @ pyr246

Wiener Ringstraße. Nach Schleifung der früheren Stadtbefestigung 1857-58 entstand an der Stelle des Glacis einer der schönsten Boulevards mit Bauten wie Burgtheater, Kunsthistorisches Museum und Parlament. Ebenso setzte sich hier das liberale Großbürgertum mit ihren Palais ein Denkmal.

Tiergarten Schönnbrunn, Maxingstr. 13b, Schlosspark, ✆ 87792940 (7d) In barocker Parkumgebung befindet sich einer der ältesten Tiergärten der Welt mit neuen Ideen für die Tierhaltung. @ fqv153

Haus des Meeres, Fritz-Grünbaum-Pl. 1, ✆ 5871417 (7d) Im Inneren des Flakturms aus dem 2. Weltkrieg sind heute Haie, Schildkröten, Krokodile und auch Äffchen untergebracht. @ rtt675

Wüstenhaus Schönbrunn, im Tiergarten Schönbrunn (7d) Es gibt verschiedenste Tier- und Pflanzenarten, die in Wüstengebieten heimisch sind, zu bewundern. @ wmr514

Waldseilpark Kahlenberg, Josefsdorf 47, ✆ 3200476 Mit Hindernissen von Seilbrücke über wacklige Netze bis hin zu Flying Foxes, Wichtelparcours und 150 Übungen bietet der Waldseilpark für jedes Alter und jede Größe die passende Herausforderung. @nar681

Wien. Wie lässt sich eine Donau-Metropole kurz beschreiben, die über sieben Jahrhunderte Residenzstadt war, einst den Mittelpunkt eines Weltreiches bildete und traditionell zu den kulturellen Zentren Europas gehört, ohne dass bekannte Klischees wiederholt oder Wesentliches ausgelassen werden? Vielleicht, indem über das Verhältnis dieser Stadt zu „ihrem" Strom erzählt wird. Wien liegt ja bekanntlich an der Donau, die einmal sogar blau gewesen sein soll. Und trotzdem suchen Besucher vergeblich nach historischen Uferzeilen, beschaulichen Flusspromenaden, nach einer „gewachsenen" Stadt am Strom. Lediglich die Kleine Donau, eigentlich ein Kanal, durchfließt die Innenstadt der Donau-Metropole. Wien büßte das Wesen einer Donaustadt im 19. Jahrhundert ein, als mit der ersten Flussregulierung die enge Bindung an den Strom verloren ging. Dabei wurde der bis dahin krause Stromverlauf der Donau durch einen schnurgeraden „Durchstich" in der Manier von Reißbrett-Ästheten zusammengefasst und in den Eröffnungsreden 1875 als Meisterleistung österreichischer Ingenieurkunst gepriesen. Auch der namensgebende kleine Wienfluss sucht seit der Jahrhundertwende seinen Weg vom Wienerwald zu seinem Vorfluter in einer kahlen Steinwanne.

Wien und die Donau, ein unversöhnlicher Gegensatz? Landschaftliche Schönheit gibt es trotz der Eingriffe und am Fluss kehrt wieder Leben ein; das demonstriert in jüngster Vergangenheit ein weiterer Eingriff am Strom. Der lange Überschwemmungsstreifen entlang der begradigten Donau, der bis dahin einem städtischen Niemandsland glich, wurde für ein Entlastungsgerinne ausgehoben und aus dem Material die Donauinsel aufgeschüttet. Seitdem sind beide der Wiener Freizeitglück.

Wien, Karlskirche

Von Wien nach Schönau a. d. Donau 22,9 km

1 Wenn Sie genug von der Stadt gesehen haben, dann beginnt die Tour bei der Urania am Donaukanal ~ über die **Aspernbrücke** auf den Radweg neben der **Praterstraße** ~ beim **Praterstern**, einem Verkehrsknotenpunkt, biegen Sie in die **Praterhauptallee** ein, hier herrscht Fahrverbot für Autos ~ vorbei an schattigen Kastanienbäumen.

TIPP: Die Praterhauptallee führt durch das Vergnügungsparadies der Wiener, den Prater. Seine Attraktionen wie das Riesenrad oder der ausgedehnte Gastgarten des Schweizerhauses, in dem man zur knusprigen Stelze (gebratene Schweinshaxe) ein kühles „G'mischtes" (Bierspezialität) trinken kann, sind auch weit außerhalb Wiens bekannt.

Wiener Prater

Die uralten Bäume, die friedlichen Gewässer, die Wildgehege und das Lusthaus am Ende der Hauptallee, das alles gibt es im Prater schon seit Jahrhunderten. „Der Wiener Prado" hieß einst das landesfürstliche Jagdgebiet, das sich über zehn Kilometer entlang der Donau erstreckte. Am 7. April 1766 machte Kaiser Joseph II., ein aufgeklärter

Monarch, die bis dahin dem Hof vorbehaltenen Praterauen öffentlich zugänglich und der Wurstelprater entstand. Sehr bald darauf gab es die ersten Wurstelpraterbuden. Wirtshäuser, Kegelbahnen, Schaukeln, Ringelspiele und ein Kasperltheater mit dem „Wurstel" kamen dazu. 1771 erhellten die ersten Feuerwerke den nächtlichen Himmel. An der Hauptallee etablierten sich berühmte Kaffeehäuser, die besonders in den Friedenszeiten vor 1914 sehr beliebt waren. 1945 wurde der Wurstelprater im Kampf um Wien völlig zerstört. Eine große Feuersbrunst raffte ihn bis auf 18 Objekten zur Gänze hinweg. Von diesem Schlag hat er sich nie wieder erholt; heute ist er ein Sammelsurium von Ringelspielen, Spielhallen und Schnellbratereien. Was vom alten Prater übriggeblieben ist, wie das Calafati-Ringelspiel und der „Große Chineser", befindet sich eher im hinteren, weniger grellen Teil. Vom Volksprater, wie er auch hieß, unterschied man den sogenannten Nobelprater, in dem es, mit Ausnahme der Pferderennbahnen in der Freudenau, keinen Rummel gab. In der ausgedehnten, teils naturbelassenen, noch an das ehemalige Jagdrevier gemahnenden, teils aber auch sorgfältig gepflegten Anlage waren die ruhigeren Spaziergänger anzutreffen, Liebespaare, Gouvernanten mit kleinen Kindern, Pensionisten. Und natürlich die gesamte vornehme Welt, fahrend oder reitend, besonders am 1. Mai, wenn sich bei der

„Praterfahrt", dem traditionellen großen Frühlingsfest, alles einfand, was Rang und Namen hatte. Wer nichts davon aufzuweisen hatte, tummelte sich am Rand in der lauten bunten Schar und sah zu, kritisierte die feinen Leute und bestaunte die kommende Sommermode, die an diesem Tag Premiere hatte. Ab 1886 gab es in der Hauptallee jedes Jahr einen Blumencorso mit Pferdekutschen, elf Jahre später den Blumencorso der Radfahrer und nach dem Ersten Weltkrieg einen solchen mit Automobilen.

Wer heute den „alten" Prater sucht, wird ihn nicht mehr finden. Es gibt ihn ebensowenig wie das Praterpublikum von einst. Aber der Prater lebt weiter; seinen Wandel schildert die Wiener Schriftstellerin Elfriede Jelinek treffend im Roman „Die Klavierspielerin". „Heute", meint sie, „unterhält sich im Wurstelprater das kleine, in den Praterauen das geile Volk, jedes auf seine Weise. Im Wurstelprater pflanzen bis an den Rand mit Schweinsbraten, Knödeln, Bier und Wein vollgefüllte Eltern ihre ebenso aufgefüllte Brut in die Töpfe oder auf die bunt lackierten Pferdchen, Elefanten, Autos, bösen Drachen hinein oder hinauf, und das in Drehung versetzte Kind speit das ihm vorher mühsam Eingeschaufelte wieder heraus. Es bekommt dafür eine Ohrfeige, weil das Essen im Gasthaus etwas gekostet hat und man es sich nicht jeden Tag gönnt."

Aber wenn auch die Schaubuden im Prater nicht mehr das Flair von einst besitzen, die „grüne Lunge" von Wien wird für die gestressten Städter immer wichtiger. Die ausgedehnten Wiesen und kleinen Wälder laden zum Radfahren, Wandern und zu idyllischen Picknicks ein.

2 An der **Autobahn**, die den Prater durchschneidet, links entlang bis zur Praterbrücke ~ die Brücke ist mit einem Radweg ausgestattet.

TIPP Weiter über die Donauinsel, die am Wochenende das Radfahrparadies für die Wiener ist.

Donauinsel

Aber nicht nur zum Rad fahren, sondern auch zum Baden, Surfen, Boot fahren, Skaten, Tanzen, Essen und Trinken, Eis schlemmen und Faulenzen kommt der Städter gern in das Naherholungsgebiet, wie es die Stadtplaner so treffend bezeichnen. Entstanden ist das Freizeitparadies 1969, als die Donau neu reguliert wurde, um die Stadt ein für allemal vor Hochwasserschäden zu schützen. Zwar war die Insel zu jener Zeit noch nicht als Erholungsraum geplant, doch die gute Wasserqualität ließ die Idee vom 21 Kilometer langen Badestrand entstehen. In kürzester Zeit avancierte die Donauinsel zum beliebtesten Sommerfreizeitzentrum in der Umgebung der Stadt.

TIPP Wenn Sie Lust haben, Ihr Sportgerät zu wechseln, so probieren sie doch beim Knoten Kaisermühlen bei Wehr 1 den Wasserskilift aus.

Entlang der **Neuen Donau** Richtung Südosten ~ **3** links halten und die Raffineriestraße queren ~ auf der **Lobgrundstraße** durch das Zentraltanklager der OMV ~ am Ende der Straße geradeaus und in den Wald der Lobau eintauchen.

TIPP Hier wimmelt es von Wasservögeln, Wild und seltenen Tierarten, die sich an dem naturbelassenen Ökosystem erfreuen. Bei Hochwasser besteht die Gefahr, dass die Route nicht befahrbar ist, Sie müssen dann leider einen längeren Umweg machen.

Der **Hubertus- oder Marchfelddamm** ist ungefähr 30 km lang ~ die Dammkrone ist größenteils asphaltiert ~ vor Schönau an der Donau führt eine Brücke über einen der Seitenarme der Donau ~ **4** die Radwegumleitung führt nun weiter nach Schönau.

UMLEITUNG Aufgrund des Projektes „Hochwasserschutz Donau – Marchfeldschutzdamm" gibt es eine Radwegumleitung bis ins Jahr 2020, somit ist die Weiterfahrt am Hubertus- oder Marchfelddamm nicht möglich.

Schönau an der Donau (Groß-Enzersdorf) Ⓐ

Von Schönau a. d. Donau nach Hainburg **30,1 km**

Immer der Straße folgen, die Sie nach Mannsdorf bringt.

Mannsdorf an der Donau Ⓐ

Am Sportplatz vorbei und danach rechts in die Straße Untermannsdorf dieser bis zur **B 3** folgen und erneut nach rechts entlang des straßenbegleitenden Radweges geht es nach Orth an der Donau bei der ersten Gelegenheit nach rechts, kurz darauf nach links bei der T-Kreuzung geradeaus und später der Straße Altes Dorf folgen.

TIPP Liebhaber von Fischgerichten kommen in Orth ganz auf Ihre Kosten.

Orth an der Donau Ⓐ

Vorwahl: 02212

- **Gemeindeamt**, Am Markt 26, ✆ 2208, @ oab841
- **Tourist-Information**, Schlosspl. 1, Schloss Orth, ✆ 3555, @ ixn374
- **museumORTH**, Schloss Orth, ✆ 2208, ✆ 0676/5642767. In überdimensionalen Fotoalben werden die Ortsgeschichte, das Leben mit dem Fluss und die Werke berühmter Persönlichkeiten aus Orth behandelt. @ iku528
- **Schloss Orth**, Schlosspl. 1. Das Wasserschloss gilt als ältestes der Marchfeldschlösser, es wurde erstmals 865

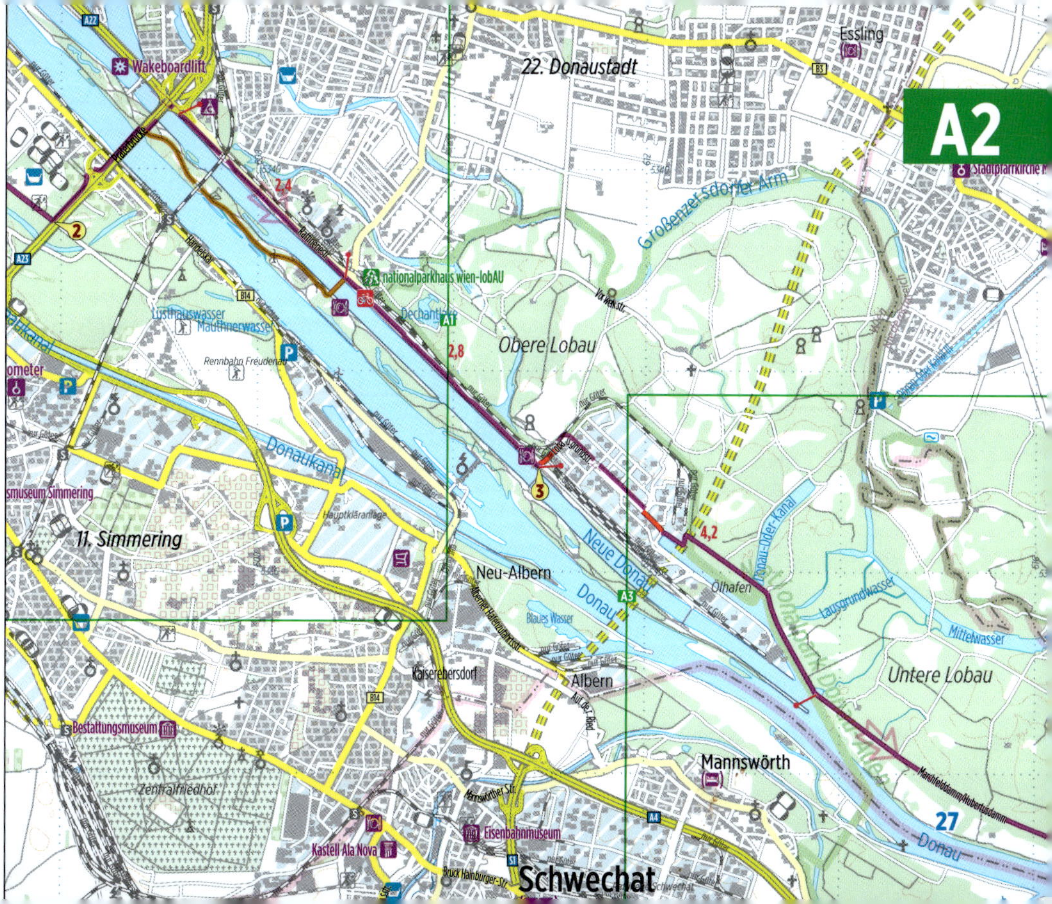

urkundlich erwähnt und war einst Jagdsitz der Familie Habsburg.

Schiffmühle und Tschaikenfahrten, 0664/3341422. Sie finden die Mühle in Orth direkt bei der Donau, am Uferhaus und am Abenteuerspielplatz vorbei bis zum Landesteg „Zur Schiffmühle". Das Mühlschiff beherbergt ein Schiffmühlenmuseum und ist im Rahmen von Führungen zu besichtigen. @dqb784

schlossORTH Nationalpark-Zentrum, 3555. Das Schloss beherbergt das museumORTH und das Besucherzentrum des Nationalparks Donau-Auen mit multimedialer Ausstellung sowie dem Outdoor-Bereich „Schlossinsel" mit begehbarer Unterwasser-Beobachtungsstation; außerdem ist ein Café, ein Shop und ein Turnierhof mit Aussichtsturm vorhanden. @tub466

Bei der **B 3** rechts entlang des Radweges zum Schloßplatz danach rechts abbiegen, linkerhand befindet sich die Mariensäule und rechts das Schloss Orth **5**.

AUSFLUG Hier bietet sich ein Besuch der Donau und der Schiffmühle an – dafür einfach der Uferstraße folgen.

VARIANTE Nach dem Besuch der Schiffmühle können Sie mittels Fähre zum Südufer wechseln. Die ersten Meter vom Ankerplatz nach Haslau sind etwas schwieriger zu befahren.

Südufer-Variante 24,1 km

Nach der Donauüberquerung treten Sie kräftig in die Pedale, um nach Haslau zu gelangen.

Haslau-Maria Ellend

Gemeindeamt Maria Ellend, Wienerstr. 11, 02232/80250, @txy166

Themenweg Haslau. Auf einer Länge von 3,5 km erstreckt sich der Rundweg im Nationalpark-Randbereich mit interaktiven Stationen. @xdc761

Stets der **B 9** bzw. den Bahngleisen folgen kurz vor Regelsbrunn nach rechts fahren und entlang des ruhigen Weges geht es weiter nach Scharndorf.

Scharndorf

Gemeindeamt, Bodenzeile 1 b, 02163/2303, @qdq388

Die nächsten 6 km fahren Sie auf ruhigen Land- und Forstwirtschaftswegen, bis Sie das Heidentor von Petronell-Carnuntum erreichen ins Zentrum gelangen Sie entlang der Heidentorgasse und der Bruckerstraße.

Petronell-Carnuntum s. S. 32

Nach dem Besuch der historischen Stadt fahren Sie ein kurzes Stück entlang der L 2026 danach führt Sie der ruhige Weg nahe der Landesstraße nach **Bad Deutsch-Altenburg** und zur Hauptroute.

5 In Orth nach links in die Glasergasse danach erneut nach links, geradeaus weiter bei der Neusiedlzeile rechts dieser weiter folgen, bis Sie links zur Ripflgasse gelangen nun links und danach gleich wieder rechts der Ziegelofenweg führt Sie von dem Ort heraus entlang des ruhigen Landwirtschaftsweges erreichen Sie Eckartsau.

Eckartsau

Vorwahl: 02214

Gemeindeamt, Obere Hauptstr. 1, 22020, @ldm774

A3
Andlersdorf
Oberhausen
Schloss Sachsengang
Probstdorf
Mühlleiten
Matzeneusiedl
Donau-Oder-Kanal
Ölhafen
Lausgrundwasser
Mittelwasser
Untere Lobau
Kühwörter Wasser
Nationalpark Donau-Auen
Mannsdorf
a.d. Donau
Orth
a.d. Donau
Mannswörth
Marchfelddamm/Hubertusdamm
Donau
Schönau
a.d. Donau
Radlerstation
Schüttlau
Umleitung bis 2020
Heustadelböden
Schloss Orth
museumORTH
Nationalpark-Zentrum
Schwechat
Fischamend-Dorf
Uferhaus
Schiffmühle
nur im S
Mühlschütt
Museum der Photographie
Feuerwehrhaus
Stadtturm/Heimatmuseum
Flughafen Wien-Schwechat
Hirschensprung
Maria Ellend
Fischamend
Neu Haslau
29
Katharinenhof
Traunberg
Ellender Hof
B3
B9
A2
A4
B60
4,2
7,5
7
1,4
1,2
4
5

Schloss Eckartsau

Schloss Eckartsau, Schloss 1, 2240, 2335. Erfahren Sie im Barockschloss mehr über die Geschichte vom Ende der Donaumonarchie und schlendern Sie durch den 27 Hektar großen idyllischen Schlosspark. @waw248

Das Schloss Eckartsau ist eng mit dem letzten Kapitel der Österreichisch-Ungarischen Monarchie verbunden: Nachdem Kaiser Karl im November 1918 abdankte, verbrachte er kurze Zeit mit seiner Familie in Eckartsau und trat von dort seine Reise ins Schweizer Exil an. Auszüge aus Kaiserin Zitas Tagebüchern geben Einblicke in berührende und private Momente der kaiserlichen Familien in deren letzten Tagen in Österreich. Der Schlosspark lädt zu einem Spaziergang ein, auf 27 Hektar verschmilzt die Weite des Marchfelds mit der Wildnis der Auwälder. In der interaktiven Nationalparkausstellung erfahren Sie außerdem Interessantes über die Auwälder.

Die **L 8** führt weiter nach **Witzelsdorf** ~ in der Linkskurve geradeaus entlang der Siedlungsstraße ~ dieser im Linksbogen bis zur Landesstraße folgen ~ rechts fahren und geradeaus nach Stopfenreuth **6**.

ANSCHLUSS **Bei Stopfenreuth ist der Anschluss zur Kamp-Thaya-March-Radroute gegeben. Näheres dazu finden Sie in unserem *bikeline* Radtourenbuch Fluss-Radwege Niederösterreich.**

Stopfenreuth (Engelhartstetten) Ⓐ

Vorwahl: 02214

Au-Terrasse, Uferstr. Die zweigeschossige Plattform an der Donau ermöglicht einen Fernblick auf die umliegende Flusslandschaft. @sgm172

Pranger. Am Dorfanger mit Kugel und Schließeisen aus dem 16. Jh.

Forsthaus, Uferstr. 1, 2232, 0676/6697071, Das Forsthaus ist 2018 geschlossen. Auen-Informations-Zentrum mit Heurigen und Radservicestelle. @mwd623

Stopfenreuth und Bad Deutsch-Altenburg sind durch eine mächtige Spannbrücke verbunden. Von dieser Donaubrücke kann man den Schauplatz der Besetzung der Au durch Umweltschützer 1984 sehen. Der Protest verhinderte schließlich doch den Bau des Donaukraftwerkes Hainburg. Die Spuren der begonnenen Schlägerungsarbeiten sind noch deutlich zu erkennen.

Auf der Landesstraße geradeaus bis zur **B 49** ~ nach rechts wenden und über die Spannbrücke ~ am Ende der Brücke in einem Rechtsbogen weg von der Hauptstraße.

INS ZENTRUM **Ins Zentrum von Bad Deutsch Altenburg kommen Sie, wenn Sie links der Straße Am Stein folgen.**

Bad Deutsch-Altenburg Ⓐ

Vorwahl: 02165

Tourismusbüro, Erhardg. 2, 62900, @vig212

Museum Carnuntum, Badg. 40-46, ca. 5 km vom Römischen Stadtviertel entfernt, 02163/33770. Das Museum wurde 1904 in Anwesenheit Kaiser Franz Josephs eröffnet. Hier entdecken Sie Fundstücke zu wechselnden Themenschwerpunkten. Mit diesem Eintrittsticket können Sie auch das Amphitheater und die Römerstadt Carnuntum besichtigen. @bnw845

Marienkirche, Kirchenberg, 62900. Einer der ältesten Sakralbauten Niederösterreichs liegt auf einer Anhöhe im Ort. Der Baukern ist frühromanisch, die Pfeilerbasilika stammt vermutlich aus 1.000 n. Chr. Später wurde die Kirche romanisch erweitert. Im 14. Jh. wurden ein eigenwilliger Turm und ein gotischer Chor zugebaut. Sehenswert sind die reichverzierten Maßwerkfenster und der Karner. @ytc166

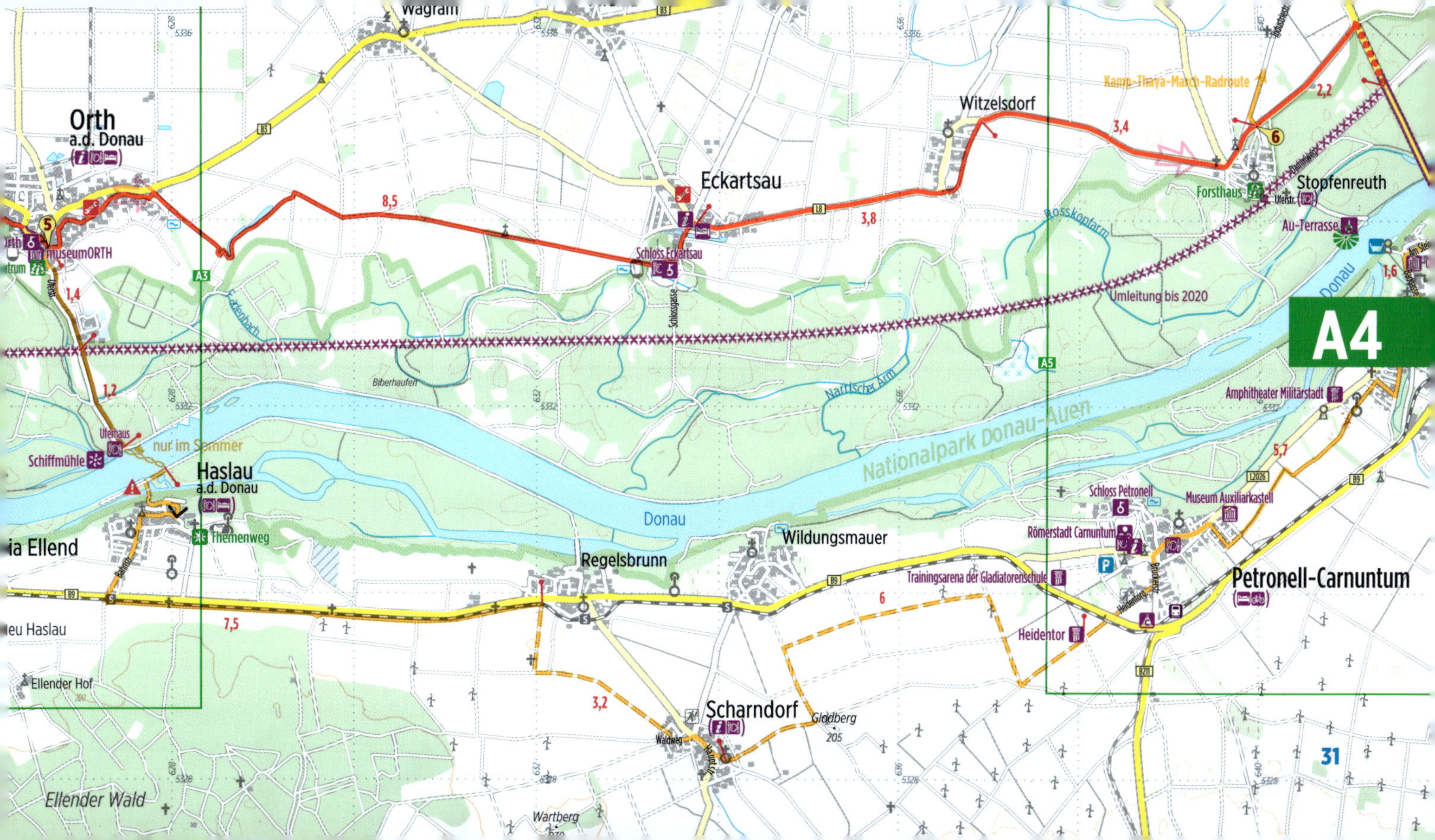
Wagram
Orth
a.d. Donau
museumORTH
Uferstr.
Uferhaus
Schiffmühle
nur im Sommer
Haslau
a.d. Donau
Themenweg
ia Ellend
Bahnstr.
eu Haslau
Ellender Hof
Ellender Wald
Eckartsau
Schloss Eckartsau
Schlossgasse
Fadenbach
Biberhaufen
Witzelsdorf
Kamp-Thaya-March-Radroute
Stopfenreuth
Forsthaus
Uferstr.
Au-Terrasse
Rosskopfarm
Umleitung bis 2020
Narrischer Arm
Nationalpark Donau-Auen
Donau
Regelsbrunn
Wildungsmauer
Trainingsarena der Gladiatorenschule
Heidentor
Scharndorf
Waldweg
Hauptstr.
Goldberg
205
Wartberg
Amphitheater Militärstadt
Schloss Petronell
Museum Auxiliarkastell
Römerstadt Carnuntum
Petronell-Carnuntum
Bruckerstr.
Heidentorg.
A4
A3
A5
B3
B9
B211
L8
L2026
8,5
3,8
3,4
2,2
1,4
1,2
7,5
3,2
6
5,7
1,6

Amphitheater Militärstadt, Wienerstr. 52, ca. 2,5 km vom Römischen Stadtviertel entfernt, ✆ 02163/33770. Die Größe der Arenafläche entspricht annähernd jener des Collosseums und entführt Sie in die Welt der Gladiatoren. @bof238

Bad Deutsch-Altenburg ist ein modernst ausgestatteter Kurort mit der stärksten Jod-Schwefelquelle Österreichs. Der Ort liegt im pannonischen Raum und zählt zu den sonnenreichsten Gebieten Österreichs. An derselben Stelle hatten schon vor 2.000 Jahren die Römer Carnuntums ihre Thermenanlagen erbaut.

AUSFLUG Auch hier bietet sich die Gelegenheit für einen Ausflug in die Römerstadt Carnuntum an, der eine der bedeutendsten römischen Ausgrabungen Österreichs darstellt.

Ausflug nach Carnuntum 6,5 km

Von Bad Deutsch-Altenburg erreicht man Petronell-Carnuntum am einfachsten auf dem Römerweg.

Petronell-Carnuntum Ⓐ

Vorwahl: 02163

- **Donau Niederösterreich Tourismus**, Hauptstr. 3, ✆ 355510, @wyc452
- **Gemeindeamt**, Kirchenpl. 1, ✆ 2228, @smg466
- **Museum Auxiliarkastell**, Hauptstr. 78, ✆ 01/7188448, ✆ 0699/10121911 Ⓖ Thema: Begräbnisformen, Grabbeigaben sowie eine unterirdische Wasserleitung; Sonderausstellungen. @tcn872
- **Schloss Petronell**, Schloss 1. Ursprünglich ein Wasserschloss aus dem 11. Jh., erhielt es seine heutige Gestalt im 17. Jh. von dem bekannten Barockmeister Dominico Carlone. @xdj848
- **Heidentor**, ca. 1,5 km südlich des römischen Stadviertels. Das Heidentor wurde vermutlich unter Kaiser Constantin als Triumphbogen errichtet. @ooi512
- **Römerstadt Carnuntum**, Hauptstr. 1a, ✆ 33770. Der Park ist die größte archäologische Landschaft Österreichs. Er ist in drei Kernzonen aufgeteilt: den Museumsbezirk, das Legionslager und die Zivilstadt. @ykb457
- **Trainingsarena der Gladiatorenschule**, ca. 800 m von der Zivilstadt entfernt. Die Baustrukturen sind vergleichbar mit der Schule Ludus Magnus von Rom. @iui586

Als hätten die Bewohner Carnuntum gerade erst verlassen – so sehen das Bürgerhaus, die Stadtvilla und die Thermenanlage des Achäologischen Parks aus. Die Gebäude sind nachgebaut, geben aber einen erstaunlichen Einblick in den Alltag der Römer. Fußbodenheizungen verströmen wohlige Wärme, in der Küche duftet es nach Kräutern und wer hungrig ist kann sich an den reich gefüllten Obstschalen bedienen.

Obwohl die Römer die sichtbarsten Spuren in Carnuntum hinterließen, reichen die Ursprünge der römischen Provinzhauptstadt noch weiter zurück. Schon zur Zeit der Illyrer und Kelten entstand hier am Kreuzungspunkt zweier uralter Handelswege, dem Wasserweg auf der Donau von West nach Ost und der Bernsteinstraße, die die Ostsee mit dem Mittelmeer verband, eine Siedlung, die den Namen Carnuntum (Stadt am Stein) trug. Unter Kaiser Tiberius wurde Carnuntum der Provinz Pannonien eingegliedert und erlebte durch die strategische Bedeutung des Lagers einen großen Aufschwung.

Der Einfall der Markomannen im Jahr 171 n. Chr. zerstörte die blühende Stadt, die jedoch unter Marc Aurel zurückerobert und wieder aufgebaut wurde. Als Rom Carnuntum den Hunnen überließ, ging die Stadt im Dunkel der Völkerwanderungszeit unter. Den Hunnen folgten die Ostgoten, die Langobarden und die Awaren.

Wie die Stadt dann endgültig zu einem Ruinenfeld wurde, hat kein Berichterstatter festgehalten. Vielleicht, weil der Feind vom anderen Ufer niemanden überleben ließ. In einem Backofen hat man noch halbfertige Brote gefunden, als ob die Römer nicht einmal Zeit gehabt hätten, das Brot vom Feuer zu nehmen.

Was die Germanen nicht zerstörten und was sich dem natürlichen Verfall widersetzte, wurde von den Menschen demontiert. Wie durch ein Wunder blieben die beiden wuchtigen Pfeiler des Heidentores erhalten. Zahlrei-

che Forschungen zeigen, dass das wohl bekannteste römische Baudenkmal in Österreich kein Tor und auch nicht heidnisch war. Durch Befunde wurde eindeutig belegt, dass es sich hierbei um einen Pfeilerbau mit vier Durchgängen handelt, welcher zirka 354-361 n. Chr. als Triumphalmonumet für Kaiser Constantius II. errichtet wurde. Zu dieser Zeit war das Christentum bereits seit Jahrzehnten anerkannt und erlangte zudem verstärkte Bedeutung im gesamten römischen Reich.

TIPP Unweit vom Legionärslager entstand die zivile Ansiedlung Carnuntum. Wenn Sie die Runde bis zum Heidentor ausfahren, stoßen Sie auf zahlreiche Zeugnisse der römischen Besiedlung. Wenn Sie sich von der Vergangenheit losreißen können, geht es zurück zur Donaubrücke. Budapest wartet!

Im Rechtsbogen der Straße **Am Stein** folgen und geradeaus Richtung Donau ~ rechts unter der Brücke hindurch ~ auf der **Hollitzer Allee** geradeaus weiter ~ auf der für PKW gesperrten Straße gelangen Sie zum Bahnhof von **Hainburg 7** ~ nach dem Bahnhof rund um den Wasserturm ~ rechts unter der Bahn hindurch ~ bei der Kreuzung links wieder unter den Bahngleisen hindurch.

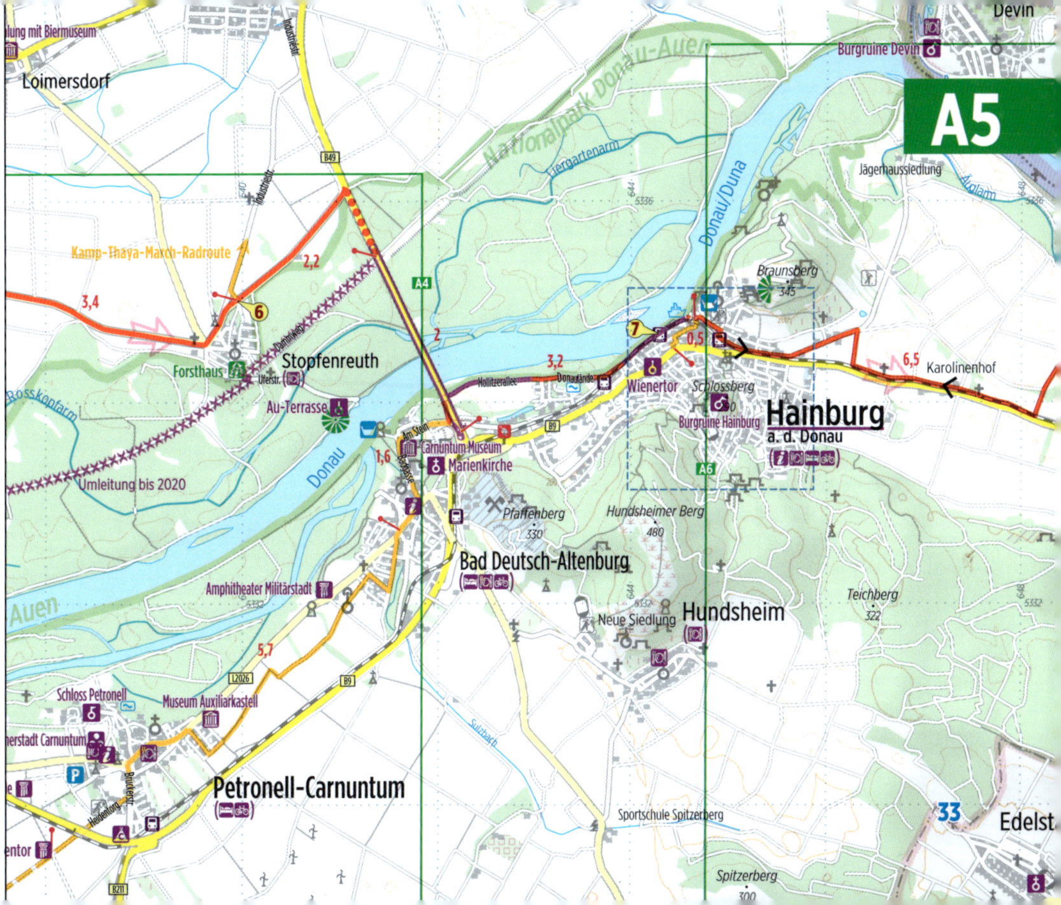

INS ZENTRUM Rechts gelangen Sie über die Oppitzstraße und den Klosterplatz ins Zentrum von Hainburg.

Hainburg a.d. Donau Ⓐ

Vorwahl: 02165

- **Gästeinformation**, Ungarstr. 3, ✆ 62111-23, @ oxu624
- **Gemeindeamt**, Hauptpl. 23, ✆ 621110, @ tcc614
- **Stadtmuseum im Wienertor**, Wienerstr., ✆ 6211123, ✆ 0664/2261630 Themen sind die Stadt- und Urgeschichte, sowie die Tabakgeschichte von Hainburg. @ jwd476
- **Burgruine Hainburg**, Schlossberg. Hier finden alljährlich die Burgspiele statt. Drei Fußwege führen zur Festung hinauf, Ausgangspunkt ist der Parkplatz beim Sportplatz. Der schweißtreibende Aufstieg lohnt mit einer atemberaubenden Aussicht!
- **Wienertor**, Wienerstr. Das Tor ist ein Teil der Stadtbefestigung und wurde im 13. Jh. erbaut und wird als eines der künstlerisch bedeutendsten Stadttore Mitteleuropas erwähnt.
- **Altstadt**. Mit zahlreichen historischen Bürgerhäusern, Stadtmauern und Befestigungsanlagen aus dem 13. Jh. ist ein Rundgang durch die Altstadt empfehlenswert. Die Festungsanlage stammt aus dem 11. Jh.
- **Bergbad**, Braunsberger Str., ✆ 6211146, @ mfm775

Umgeben von waldigen Kuppen inmitten des Nationalparks Donauauen liegt die Mittelalterstadt Hainburg an der Donau. Die drei Stadttore und 15 Stadttürme aus dem 13. Jh. suchen in Mitteleuropa ihresgleichen. Sie lassen erkennen, dass die Stadt einst der wichtigste östliche Vorposten des „Heiligen Römischen Reiches Deutscher Nation" war. Davon zeugt auch die erste urkundliche Erwähnung aus dem Jahre 1042.

Hainburg, Wienertor

Hier windet sich die Donau zwischen dem Braunsberg am österreichischen Ufer, wo bei Ausgrabungen eine Keltensiedlung aus dem 2. Jh. v. Chr. mit Wall, Palisade und Wachtürmen gefunden wurde, und dem Thebener Kogel über der Marchmündung am slowakischen Ufer hindurch. Bis 1918 hätte man Oberungarn schreiben müssen. Erst mit dem Ende des Ersten Weltkriegs verschoben sich die Grenzen und Bratislava wurde von der ungarischen Krönungsstadt zur slowakischen Hauptstadt. Aber Hainburg verlässt man gegen Osten noch immer durch das im Jahr 1260 erbaute Ungartor.

Dass früher Tore errichtet wurden, damit niemand sie durchbreche und durchschreite, wird beim Anblick des über 31 Meter hohen Wienertores deutlich: die Türöffnung ist winzig und unscheinbar, an dieser Torburg hat Gewicht, was geschlossen ist. Sie wurde 1270 mit einem Teil des Lösegeldes für König Richard Löwenherz, das insgesamt 100.000 Kölner Mark (ca. 23.000 kg Silber) betrug, finanziert und gilt als eine der schönsten aus dieser Zeit. Es war ein Tor für Kreuzfahrer und gegen Ungarnheere, ein Tor, das das Mittelalter eher romantisch als finster erscheinen lässt.

Oben auf dem Schlossberg sind die Ruinen der weitläufigen Burganlage zu sehen, die so betagt ist, dass sie schon im Nibelungenlied als „alt" bezeichnet wurde. Obwohl die Stadtmauern von Hainburg mehrmals von Feinden bestürmt wurden, sind die Befestigungen fast vollständig erhalten. Sie erstrecken sich von der Burg bis

zur Donau. Das schmale Blutgässchen vor dem Fischertor, das sich zur Donau hin öffnet, erweckt grausige Erinnerungen an Hainburgs dunkelste Stunden.
Als die Türken am 12. Juli 1683 zum zweiten Mal versuchten bis Wien vorzustoßen, hielt die mächtige Befestigung Hainburgs, die jedoch schon in einem sehr schlechten Zustand war, dem Ansturm nicht stand. Nach kurzer Belagerung war die Stadt sturmreif geschossen, die Türken überrannten die Mauern. Die Bevölkerung wollte in die Donauauen fliehen, doch die Flügel des Fischertores, die nach innen zu öffnen waren, konnten nicht rechtzeitig aufgerissen werden. In dem engen Schlauch vor dem Tor waren die Menschen gefangen wie in einer Mausefalle. Hinter ihnen drängten die Türken nach. Wer nicht in Panik niedergetrampelt wurde, starb unter den Krummsäbeln. 8.432 Hainburger sollen damals von den Türken niedergemetzelt oder verschleppt worden sein. Die Geschichte besagt, dass nur etwa 100 Menschen dem Massaker entkamen! Einer von ihnen war der junge Wagnergeselle Thomas Haydn. Ein Glück für die Musik, denn der junge Mann wurde der Großvater von Joseph Haydn.
Heute versperrt das Fischertor den Weg zur Donau nicht mehr. Auf einer hohen Mauer, die der Stadtmauer Konkurrenz macht, fährt die Bahn, die so vor jedem Hochwasser sicher ist. Früher war ihre Endstation Pressburg (Bratislava) – heute ist es der österreichische Grenzort Wolfsthal.

Von Hainburg nach Bratislava 16 km

Nach dem erneuten Unterqueren der Bahn rechts halten ~ die **Nibelungengasse** entlang ~ rechts ab in die **Krüklstraße** ~ vor dem Bahnübergang beim Ungartorbahnhof links in die **Kriemhildengasse** ~ links halten in die **Thebnerstraße** ~ aus Hainburg hinaus ~ scharf rechts in eine schmälere Asphaltstraße ~ vor dem Bahnübergang links und

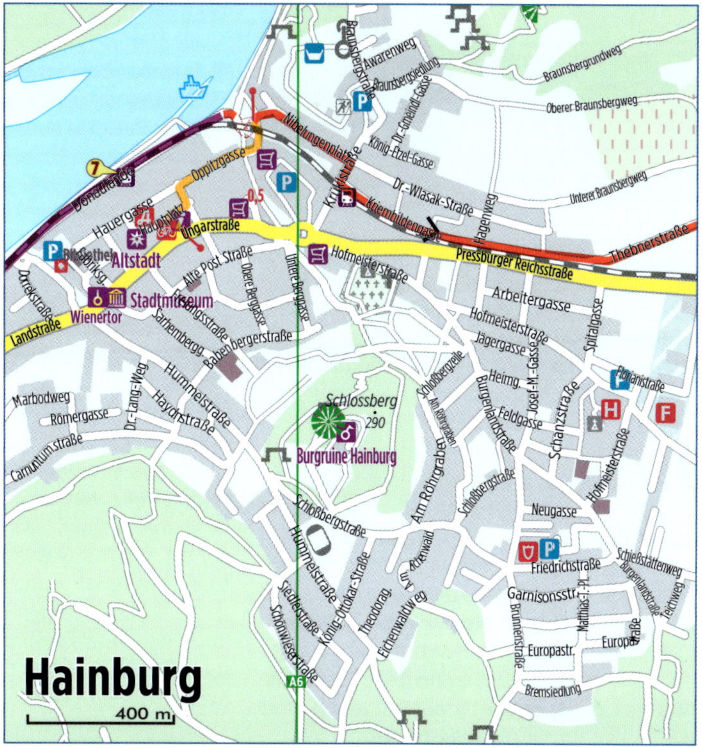

Donau und Hainburg vom Braunsberg aus

der Bahnlinie folgen ⤳ links ab Richtung Donau ⤳ anschließend an der Kreuzung den Radwegschildern nach rechts folgen ⤳ rechts über eine kleine Steinbrücke nach Wolfsthal hinein ⤳ **8** bis zur Bundesstraße **B 9**.

VARIANTE Um das verkehrsreiche Ortszentrum von Wolfsthal zu umfahren, biegen Sie hier rechts ab, anschließend gleich links und fahren den Sportplatzweg entlang. Nach dem Bahnübergang bei der ersten Möglichkeit links abbiegen, am Ende der Gasse rechts und dann wieder links abbiegen in die Triftgasse. Links abbiegen auf die Edelhofgasse, welche dann zur Bahnhofstraße übergeht, radeln Sie nun wieder der Bundesstraße entgegen. Dort wieder rechts auf die Hauptroute.

Wolfsthal Ⓐ

Vorwahl: 02165

- **Gemeindeamt**, Hauptstr. 42, ✆ 62676, @ mcd228
- **Wallfahrtskirche „Maria am Brinbaum"**, Hauptstr. 32
- **Schloss Walterskirchen**, Hauptstr. 5. Urspr. als Wasserschloss gebaut, wurden die Gräben Ende des 18. Jhs. zugeschüttet. Das heutige Aussehen im Stil der romantischen Neugotik erhielt das Schloss erst gegen Ende des 19. Jhs. Mit seinen markanten Türmen und Eingangsbereich hat es sich als gefragtes Filmambiente erwiesen. Das Schloss ist in Privatbesitz, Besichtigung nur von außen möglich. @ wwx337
- **Ruine Pottenburg**, auf der Straße nach Berg. Namensgeber der Ruine war Graf Poto, ein Sohn des Pfalzgrafen Hartwig von Regensburg.
- **Frauensäule**, Karl-Knaus-Park. „unbefleckte Empfängnis" (1680)
- **Pranger**, Hauptstr. 34. Pranger von 1747

Durch das Ortsgebiet von Wolfsthal auf der Hauptstraße fahren ⤳ beim Ortsende von Wolfsthal beginnt dann links der Radweg, der bis zum früheren Zollamt und weiter nach Bratislava führt ⤳ nach dem Grenzübergang der Linkskurve folgen ⤳ **9** der Radweg führt unter der Autobahnbrücke hindurch und anschließend parallel zur Donau ⤳ vor sich sehen Sie nun die Brücke Nový Most.

AUSSICHT Die Brücke weist einen Aussichtsturm auf, der mit einem Lift ausgestattet ist. Von dort können Sie Bratislava aus der Vogelperspektive betrachten.

An der Vorfahrtsstraße geradeaus und unter der Brücke Nový Most hindurch.

INS ZENTRUM Eine Rad- und Fußgängerrampe führt Sie auf die Brücke. Auf der anderen Donauseite erreichen Sie direkt die Altstadt von Bratislava.

Bratislava SK

Vorwahl: 02

- **Bratislava Information Service**, Klobučnícka 2, ✆ 16186, ✆ 5935 6651, @ gpa638
- **Galéria mesta Bratislavy - Mirbach Palace (Galerie der Stadt Bratislava)**, Františkánske nám. 11, ✆ 54431556 Die Ausstellungen befinden sich in zwei historischen Gebäuden im Zentrum von Bratislava - dem Mirbach Palast gegenüber der Franziskanerkirche und dem Pálffy Palast in der Panská Straße gegenüber der Britischen Botschaft. @ esj578
- **Galéria mesta Bratislavy - Pálffy Palace**, Pánska 19, ✆ 54433627 Mittelalterliche Malerei und Bildhauerei, die Kunst des 20. Jhs. und zeitgenössische Künstler. @ upj622
- **Historické múzeum (Historisches Museum)**, Bratislavský hrad, Burgpalast, ✆ 20483104. Die Exponate des Museums rekonstruieren die Geschichte der Slowakei und des slowakischen Volkes vom Mittelalter bis zur Gegenwart. @ aio727

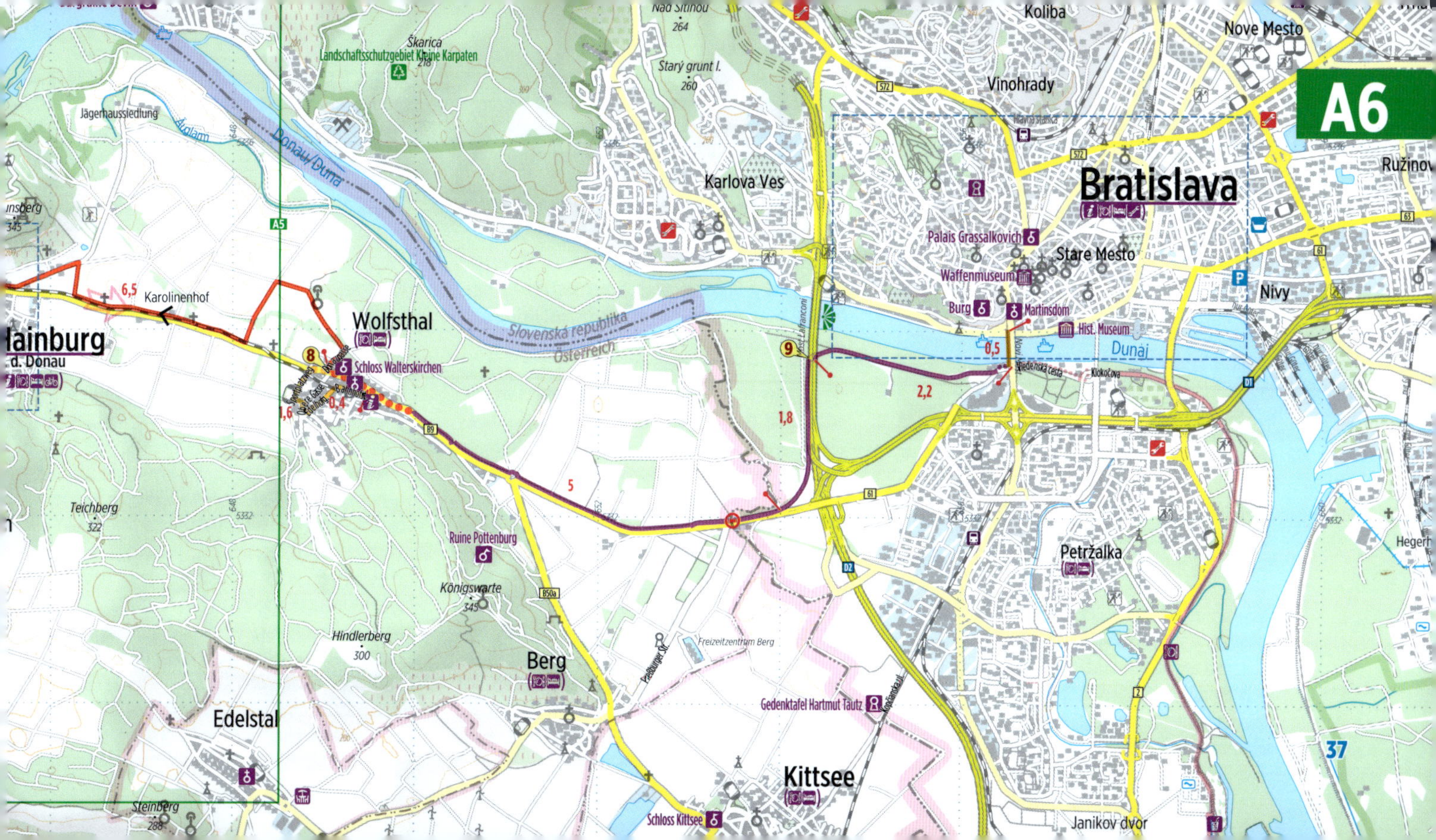

A6
Bratislava
Koliba
Nove Mesto
Vinohrady
Karlova Ves
Ružinov
Palais Grassalkovich
Stare Mesto
Waffenmuseum
Burg
Martinsdom
Hist. Museum
Nivy
Dunaj
Donau/Duna
Slovenská republika
Österreich
Wolfsthal
Schloss Walterskirchen
Hainburg
a. d. Donau
Karolinenhof
Jägerhaussiedlung
Landschaftsschutzgebiet Kleine Karpaten
Škarica
Starý grunt I.
Teichberg
322
Ruine Pottenburg
Königswarte
345
Hindlerberg
300
Berg
Edelstal
Kittsee
Schloss Kittsee
Petržalka
Janikov dvor
Hegerh
Gedenktafel Hartmut Tautz
Freizeitzentrum Berg
Steinberg
288
Klokočova
6,5
1,6
0,4
1,8
0,5
2,2
5
8
9
A5
B9
850a
61
572
63
D1
D2
2
37

Bratislava, Novy Most

Múzeum Hodín (Uhrenmuseum), Židovská 4716/3, ✆ 54411940 Ⓔ Das Haus zum Guten Hirten aus dem Rokoko überlebte die „Flurbereinigung" der 1970er Jahre, die besonders das jüdische Viertel betraf und präsentiert sich heute als einer der besterhaltenen Rokokobauten Europas und beherbergt das Uhrenmuseum. @oxa882

Múzeum mesta Bratislavy (Museum der Stadt Bratislava), Radničná ul. č. 1, im Alten Rathaus, ✆ 59100812 Ⓔ Das Museum wurde 1868 gegründet und ist heute das älteste noch bestehende Museum der Slowakei. Das Museum betreibt Dauerausstellungen an acht verschiedene Standorten. Die Hauptausstellung befindet sich im Alten Rathaus. @hui255

Slov. národná galéria (Slowakische Nationalgalerie), Námestie Ľudovíta Štúra, Palais Esterházy, ✆ 20476111 Ⓔ Präsentiert werden zahlreiche Malereien und Skulpturen aus verschiedenen Epochen. Geführte Rundgänge sind nach Voranmeldung möglich. @twy735

SNM-Prírodovedné múzeum (Naturhistorisches Museum), Vajanského nábrežie 2, ✆ 20469122 Ⓔ Mit seiner Sammlung von rund 3,8 Mio Objekten zählt dieses Museum zu einem der bedeutendsten Naturhistorischen Museen Europas. Es dokumentiert und präsentiert die natürliche Umwelt mit Schwerpunkt auf die Slowakei. @qyi523

Waffenmuseum im Michaelertor, Michalská ulica 22, ✆ 54433044 Ⓔ Das letzte Tor der Stadtbefestigung, ursprünglich ein gotischer Bau aus dem 14. Jh., beherbergt heute das Waffenmuseum. @yms721

Franziskanerkirche, Františkánska 439/2. Im Jahre 1297 geweiht, wurde die Kirche im 17.-18. Jh. im Stil des Barock umgebaut.

St. Martins-Kathedrale, Rudnayovo námestie 1, ✆ 54431359 Ⓐ Der dreischiffige gotische Bau aus dem 14./15. Jh. diente zwischen 1563 und 1830 als Krönungskirche ungarischer Könige, erfuhr baulich zunächst eine Barockisierung und im 19. Jh. sogar eine Regotisierung. Reiche Innenausstattung. @tti736

Hrad (Burg), ✆ 20483110, ✆ 0915/993301 Ⓐ Die im 12. Jh. angelegte Burg wurde 1430 im gotischen Stil umgebaut und wurde zur wichtigsten Festung Ungarns. Zur Zeit Maria Theresias erhielt die Anlage einen Repräsentationspalast, durch den Aufstieg Budapests als ungarische Hauptstadt verlor sie an Bedeutung. Heute Sitz des Slowakischen Nationalrates. @isd557

Palais Grassalkovich, Hodžovo námestie 2978/1 Ⓐ Das Palais (1760) ist Sitz des Präsidenten der Slowakei und deswegen nicht zu besichtigen. Die Gartenanlagen sind allerdings öffentlich zugänglich und sind ein Naherholungsgebiet für die Bevölkerung. @fjg752

Burgruine Devín, Muránska ulica 1, ✆ 65730105 Ⓔ Die Burg thront westlich der Stadt an der Mündung der March in die Donau. Als Symbol der „ruhmreichen slawischen Vergangenheit" spielte sie bei der Erweckung des slowakischen Nationalbewusstseins Mitte des 19. Jhs. eine Rolle. Besondere militärische Bedeutung erlangte sie im 16. Jh. im Zuge der türkischen Belagerung Wiens und Bratislavas. @jqe328

Kriegerdenkmal Slavín, Slavín 1, im Nordwesten der Stadt Ⓐ Einst Ehrenmal für die 1945 bei der Befreiung der Stadt gefallenen sowjetischen Soldaten, heute auch noch Denkmal der kommunistischen Ära mit prächtiger Aussicht. @udq576

Stará radnica (Altes Rathaus), Primaciálne námestie 3, ✆ 59205130 Ⓔ In der Renaissance umgestaltetes gotisches Gebäude mit malerischem Innenhof und Stadtturm. @pdo582

Die einzige Hauptstadt der Welt, die an zwei Staaten grenzt, ist das politische, wirtschaftliche und kulturelle Zentrum der Slowakei und mit ca. 430.000 Einwohnern die größte Stadt des Landes. Seit Anfang des 10. Jhs. unter ungarischer Herrschaft, war sie ab 1536, als Ungarn von

Bratislava
400 m
Jaskový rad
Trnavská cesta
Šancová
572
Legionárska
Pražská
Námestie Franza Liszta
Žabotova
Palárikova
Dobšinského
Železničiarska
Holekova
Jelenia
Karpatská
Beskydská
Čajakova
Záhradnícka
Povraznícka
Mýtna
Radlinského
Bernolákova
Wilsonova
Belopotockého
Kýčerského
Zlinská
Štefanovičova
Leškova
Vazovova
Blumentálska
Križna
Metodova
Miletičova
Jelačičova
Šumavská
Žellova
Kocelova
Kvetná
Viktorínova
Rastislavova
Bazová
Svätoplukova
Kuzmányho
Justičná
Šoltésovej
Chorvátska
Moskovská
Sasinkova
Kuliškova
Budovateľská
Pavlovova
Súťažná
Velehradská
Trenčianska
Turčianska
Páričkova
Oravská
Tekovská
Mlynské nivy
Prievozská
Alešova
Chalupkova
Továrenská
Čulenova
Landererova
Plátenícka
Súkennícka
Votrubova
Prístavná
Pribinova
Nábrežie M. R. Š.
Olejkárska
Dostojevského rad
Karadžičova
Grösslingová
Lazaretská
Cintorínska
Dunajská
Klemensova
Lomonosova
Alžbetínska
Gajova
Dobrovičova
Štúrova
Šafárikovo námestie
Rázusovo nábrežie
Hist. Museum
Slowakische Nationalgalerie
Medená
Palackého
Mostová
Paulínyho
Rigeleho
Laurinská
Panská
Galerie der Stadt Bratislava
Museum der Stadt Bratislava
Altes Rathaus
Martinsdom
Uhrenmuseum
Burg
Kapitulská
Klariská
Michalská
Ventúrska
Franziskanerkirche
Waffenmuseum
Námestie Slovenského národného povstania
Kolárska
Špitálska
Heydukova
Holého
Obchodná
Drevená
Suché mýto
Konventná
Panenská
Palisády
Palais Grassalkovich
Hodžovo námestie
Námestie slobody
Námestie slobody
Banskobystrická
Jozefská
Jánska
Vysoká
Mariánska
Cukrová
29. augusta
Polná
Štefánikova
Spojná
Frana Kráľa
Lermontovova
Gundulićova
Tolstého
Moyzesova
Dunovalova
Na Slavíne
Mišíkova
Vlčkova
Andreja Plávku
Denkmal Slavín
Novosvetská
Francúzskych partizánov
Stará vinárska
Drotárska cesta
Haydnova
Mozartova
Bartókova
Korabinského
Hrdličkova
Na Hrebienku
Štátické údolie
Svetlá
Tichá
Endova
Vetová
Bôrik
Ľubinská
Šmeralova
Jančova
Mudroňova
Javorinská
Krmanova
Mošovského
Fándlyho
Hummelova
Myjavská
Červeňova
Holubyho
Šulekova
Zrinského
Galandova
Timravina
Partizánska
Brandlianska
Zochova
Svoradova
Škarniclova
Zámocká
Kozia
Korenic̆ova
Tvarožkova
Smetanova
Čelakovského
Krátka
Fialkové údolie
Riznerova
Bartoňova
V záhradách
Radvanská
Údolná
Kráľovské údolie
Lipová
Žižkova
Mikulášska
Nekrasovova
Schillerova
Havlíčkova
Urbánkova
Hlboká cesta
Sokolská
Strmá
Malinová
Na Kalvárii
Lesná
Dunaj
Novi Most
0,5
Imricha Karvaša
Fazuľová
Slovanská
Školská
Májkova

den Osmanen dezimiert worden war, bis 1848 Hauptstadt des Königlichen Ungarn. Als solche erlebte sie eine Blütezeit, die noch heute in Gesamtanlage und Architektur lebendig ist. Nach Verlegung der Verwaltung ins heutige Budapest wurde sie zum Zentrum der slowakischen Nationalbewegung. Seit 1918 Hauptort des slowakischen Teilstaates, ist Bratislava seit 1993 Hauptstadt der unabhängigen Slowakei. Die Region profitiert von der Nähe zu den Westeuropäischen Märkten – gemeinsam mit dem nur 60 Kilometer entfernten Wien verfolgt man das Entwicklungskonzept der Twin City – und erwirtschaftet allein 25 Prozent des Bruttoinlandproduktes des Landes. Der günstigen Lage und der hohen Dichte an Universitäten und Forschungseinrichtungen ist auch die Niederlassung von zahlreichen Weltkonzernen zu verdanken.

Wer auch nur die wichtigsten historischen und modernen Attraktionen würdigen will, kommt mit einem Tag bei Weitem nicht aus. Zur ersten Orientierung sei hier ein kleiner Einstieg empfohlen, der am Hlavné námestie (Hauptplatz) in der denkmalgeschützten Altstadt seinen Ausgang nimmt. Auffälligstes Gebäude ist hier das alte Rathaus, das aus drei der ältesten noch erhaltenen Bauten der Stadt gebildet wird und sich mit einem barocken Turm schmückt. Es beherbergt heute das Stadtmuseum. Gegenüber, vor der Sedlárska ulica (Sattlergasse), steht der Maximiliansbrunnen, dahinter das auffällig goldverzierte Rolandpalais. Die rechte Straßenecke wird von dem weißen Esterházy-Palais im Rokokostil eingenommen und die linke von dem architektonisch ähnlich erscheinenden, aber eher klassizistischen berühmten Café Mayer. Der Platz wird häufig für verschiedene Konzerte, Feiern und Märkte genutzt.

Die Sedlárska führt nach rechts (NW) auf die von Straßencafés gesäumte Michalská ulica. Aus 100 Metern Entfernung grüßt von rechts das wie ein barocker Kirchturm wirkende Michalská brána (Michaeltor), das einzige erhaltene mittelalterliche Stadttor. Von seiner Aussichtsgalerie im sechsten Stockwerk kann man über die Altstadt sehen. Gleich neben dem Tor steht das mit einer Breite von nur 1,30 Metern schmalste Haus Europas. Wer sich nach Süden wendet, kommt kurz vor der Einmündung der Straße in den riesigen, promenadenartigen Hviezdoslavovo namestie – dort befindet sich außer dem Nationaltheater übrigens auch die deutsche Botschaft – an der Kreuzung mit der Panská ulica, durch die man nach rechts zum gotischen Martinsdom gelangt. Die Bedeutung dieser Kirche für das Selbstbewusstsein der Nation zeigt sich in der Nachbildung der ungarischen Stephanskrone, die die Turmspitze anstelle eines Kreuzes schmückt. Von 1563 bis 1830 fand hier die Krönung der ungarischen Könige statt – die zugleich deutsche bzw. österreichische Kaiser waren.

Auf der anderen Seite der Schnellstraße, die vor dem Kirchturm herführt, verläuft die Židovská ulica am Fuße des Burgberges. Der Name verweist auf die im Mittelalter hier angesiedelten und unter dem Schutz der Burg stehenden Juden. Ein Teil des jüdischen Friedhofes ist heute restauriert und liegt kurioserweise unterirdisch in der Nähe des Straßenbahntunnels. Der Name erinnert aber auch an die Juden, die 1939 nach dem Anschluss Österreichs und der Annektion von Böhmen und Mähren von dem ersten slowakischen Staat an das damals gleich südlich der Donau beginnende nationalsozialistische Deutschland ausgeliefert wurden.

Idyllische steile Gassen und Treppen ziehen sich zum Burgberg hinauf. Die im Ursprung gotische Vierflügelanlage auf dem Felsen 85 Meter über der Donau war zu Beginn kaum weniger bedeutsam als Devín. Sie wurde nach mehrmaligem Umbau 1811 von den Franzosen niedergebrannt und erst nach dem 2. Weltkrieg im Barockstil wieder aufgebaut. Ihre architektonische Erscheinung ist weniger spektakulär als ihre Lage und der Ausblick. Die Stadt zu ihren Füßen ist von zahlreichen Barockpalais geprägt, weist aber auch kühne und interessante Konstruktionen der letzten Jahrzehnte auf. Eine Besonderheit zwischen Tradition und Moderne stellt die Kostol svätej Alžbety (Elisabethkirche) mit ihrem eigenwillig durchgeformten ungarischen Jugendstil dar, bei dem rosa und blaue Pastelltöne dominieren. Man findet sie in der Bezručova ulica in der südöstlichen Altstadt.

Von Bratislava nach Komárno (SK)

106,4 km

Auf dieser Etappe passieren Sie das größte Kraftwerk der Slowakei. Im Zuge des Kraftwerkbaus und dem Entstehen des Donau-Stausees sind große Teile einer unberührten Naturlandschaft zerstört worden. Die Donau wurde bis Medved'ov kanalisiert und das Wasser zum Kraftwerk umgeleitet. Bei Klížka Nemá stößt von Ungarn die Mosoni Duna zu den Ausläufern des Kanals. Bisher ist die touristische Infrastruktur leider noch nicht sehr ausgeprägt, diese Etappe sollten Sie daher sorgfältig planen.

Kilometerlange, asphaltierte Dammwege stehen zur Freizeitnutzung durch Radfahrer und sonstige Erholungssuchende bereit. Ihre Route führt Sie auf der rechten Seite des Stausees bis nach Gabčíkovo. Nach Gabčíkovo wechselt die Route dann teilweise vom Damm auf ruhige Landstraßen, bis Sie schließlich das südlichste Gebiet der Slowakei erreichen – Komárno.

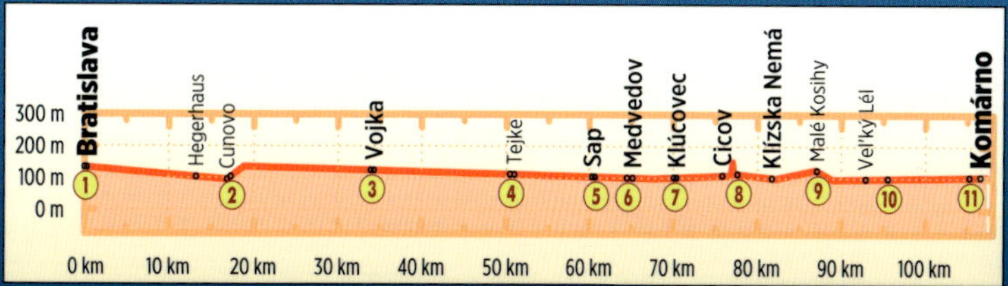

Burg Bratislava

Bratislava (SK) s. S.36

Am rechten Ufer
von Bratislava nach Gabčíkovo **50,9 km**

TIPP Ab Bratislava können Sie anfangs auf beiden Seiten der aufgestauten Donau radeln. Das letzte Wegstück am linken Ufer ist jedoch gesperrt, daher empfehlen und beschreiben wir das rechte Ufer entlang der slowakischen Donau.

1 Die Hauptroute führt unter der Brücke Nový Most auf einem links neben der Straße gelegenen Radweg entlang ~ kurz vor der nächsten Vorfahrtsstraße nach links Richtung Donau ~ dem Straßenverlauf nach rechts folgen ~ unter der Brücke hindurch ~ kurz nach der Brücke weisen Bodenmarkierungen nach links auf den Damm hinauf ~ auf dem Dammweg entlang ~ unter zwei Brücken hindurch ~ nach der Linkskurve über eine kleine Brücke ~ an der Gabelung dem rechten Radweg folgen ~ der Weg führt neben dem Damm entlang ~ die zwei Wege kommen kurz wieder zusammen ~ an der Gabelung in den rechten Radweg ~ der Weg verläuft erneut neben dem Damm ~ vorbei an einer Kläranlage ~ anschließend an der Raststation kurz rechts und gleich wieder links auf den Radweg, der parallel zum Damm auf einer ehemaligen Straße verläuft ~ hier beginnt ein Kanal zwischen dem Damm und dem Radweg ~ folgen Sie einfach diesem Radweg, bis Sie bei **Čunovo** auf eine Straße stoßen **2**.

Čunovo (SK)

Danubiana Meulensteen Art Museum, Vodné dielo Slovensko, am Staudamm, ✆ 02/62528501. Umgeben von einem Park, in welchem sich futuristische Skulpturen tummeln, befindet sich das im Jahr 2000 eröffnete Kunstmuseum.

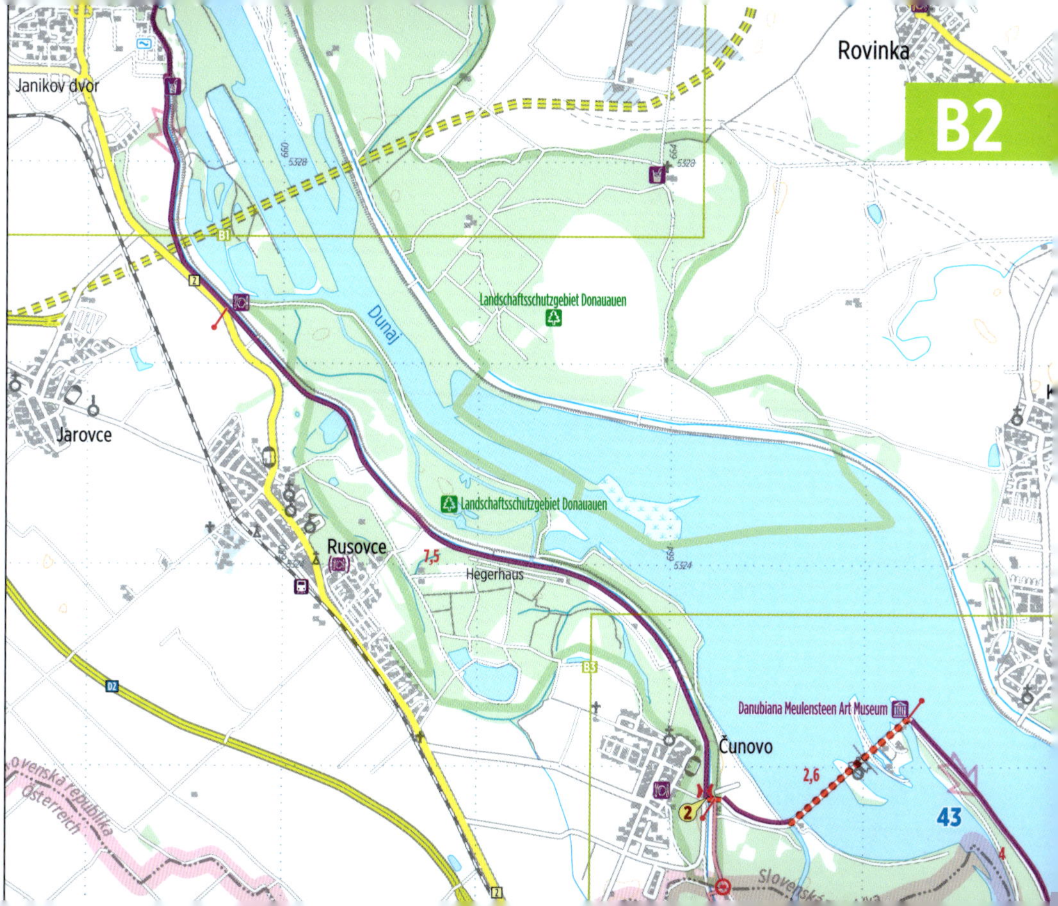

B3
Danubiana Meulensteen Art Museum
novo
Hamuliakovo
Šamorín
Šámot
Čukárska Pa
Bucuháza
Mliecno
Královanky
Čilistov
Báč
Kyselica
Dobrohošť
Vojka nad Dun
Vodné Dielo Gabcíkovo
Slovenská republika
Magyarország
Duna/Dunaj
Rajká
Kossuth Lajos utca
Mosoni-Duna
Zátonyi-Duna
Dunakiliti
Rajkai utca
Kossuth Lajos utca
Bezenye
2,6
4
6
63
506
B2
B4
44

Malereien und Skulpturen privater Künstler finden sich in diesem Museum ebenso wie Werke der Meulensteen-Stiftung. @ vfd277

Nach links auf die Straße und das Stauwerk überqueren zwischen dem Stausee und der Donau weiterhin am Damm entlang, vorbei an den Orten Dobrohošt' und Vojka 3.

Das Stauwerk Gabčíkovo

Trotz heftigster Proteste gegen das Stauwerkprojekt ist der Bau des Kraftwerkes fertiggestellt worden. Das aus der Stalinzeit stammende Staustufenprojekt Gabčíkovo-Nagymaros bedeutet die Zerstörung der Aulandschaft und die Zerstörung eines sensiblen Ökosystems zwischen dem ungarischen Dunakiliti und dem slowakischen Palkovicovo. Stattdessen ist ein riesiger Stausee entstanden, der mit seinen Wassermassen den Besucher in Staunen versetzt.

Das Megaprojekt besteht aus drei Staudämmen, wobei beim ersten, auf ungarischem Territorium gebauten Wehr 80 Prozent des Donauwassers kanalisiert und von dort über einen 17 Kilometer langen Kanal zum slowakischen Städtchen Gabčíkovo geleitet wird, wo ein auf freiem Feld errichtetes Speicherkraftwerk den umgeleiteten Fluss bis weit nach Bratislava zurückreichend aufstaut. In Gabčíkovo werden zur Erreichung von

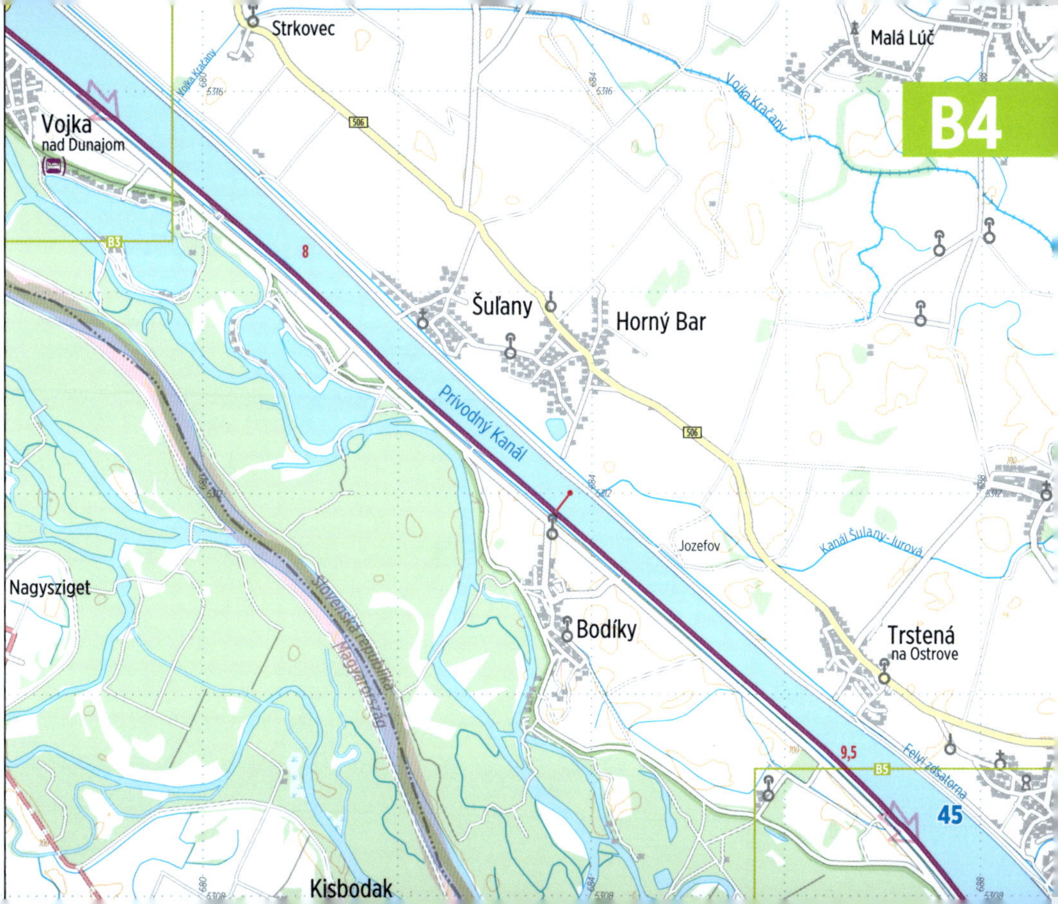

Spitzenenergiemengen zweimal täglich die Schleusen geöffnet.

Von Dunakiliti bis Gabčíkovo wurden auf 17 Kilometern Länge zwei 18 Meter hohe Dämme aufgeschüttet; hier ergießt sich die umgeleitete Donau auf die acht Turbinen des Speicherkraftwerkes. Insgesamt wurden rund 150 Millionen Kubikmeter Aushubmaterial wegtransportiert, 4.600 Hektar Auwald und Wiesen fielen den Bulldozern zum Opfer.

4 Sie überqueren auf einer mäßig befahrenen Straße die Staumauer.

INS ZENTRUM Wenn Sie auf der anderen Seite des Staudammes geradeaus fahren, kommen Sie direkt nach Gabčíkovo, wo Sie Nächtigungsmöglichkeiten und Gastronomiebetriebe vorfinden.

Gabčíkovo (SK)

- **Margartenkirche.** Stammt aus dem 14. Jh., im 18. Jh. umgebaut. Sie ist die größte Kirche der Umgebung.
- **Amadé-Schloss.** Renaissanceschloss mit Parkanlage aus dem 17. Jh.

Von Gabčíkovo nach Medveďov — *13 km*

An der ersten Möglichkeit nach der Schleuse scharf rechts ab ~ geradeaus zum Damm ~ weiter geht es immer am linken Ufer des

B6
Ňarad
Ciližská Radvaň
Baloň
Vrbina
Sap
B5
9
5
506
4
13
Kanál Vrbina-Holiare
Čiližský potok
Medveďov
6
0,4
Kľúčovec
7
5,2
Ortskirche
7,5
Kanál Čičov-Holiare
14
2,6
7
8
Nagybajcs
Čičov
Nove Čičov
8
B7
47
4

Kanals auf dem Dammweg vorbei an **Sap** **5** und weiter nach Medved'ov **6**.

VARIANTE Hier besteht die Möglichkeit, der sehenswerten Stadt Györ einen Besuch abzustatten und von dort der Hauptroute auf der ungarischen Seite zu folgen.

Am ungarischen Ufer nach Györ 17,5 km

ANSCHLUSS Hierbei stoßen Sie auf die ungarische Wegstrecke des Donau-Radweges. Die kartografische Darstellung finden Sie auf Karte C 7.

Auf der Straße über die Grenze nach Ungarn → nach der Grenze links → dem Straßenverlauf Richtung Slowakei folgen → bei der ersten Möglichkeit rechts in einen schlechten, löchrigen Feldweg abbiegen → nach **Vámosszabadi** → links nach **Nagybajcs** → im Ort beim Gasthof rechts nach **Kisbajcs** → nach zirka 2,5 km zu den ersten Häuser von **Györ–Bácsa** → auf dieser Straße weiter durch die Vororte von Györ → die Bundesstraße überqueren und weiterhin an allen Abzweigungen geradeaus → an der T-Kreuzung links ins Zentrum von Györ.

Die Hauptroute führt Sie zur Straße 13/E 575 → geradeaus auf eine schmale Straße → bei der ersten Gelegenheit links ab → nach Medved'ov hinein.

Medveďov (SK)

Sehr schön ist die Gegend zwischen Medved'ov und Klúčovec, wo sich noch die Tradition des Korbflechtens erhalten hat. Alle Bäche und Kanäle sind mit uralten Weiden bewachsen, deren Ruten im Winter geschnitten werden. Einige Badeseen, zum Beispiel in Čičov, Nový Trávnik oder Klížka Nemá, liegen direkt neben der Route und laden an heißen Sommertagen den erhitzten Radfahrer zum Bad ein.

Von Medved'ov nach Malé Kosihy 22,2 km

VARIANTE Wenn Sie am slowakischen Ufer weiterfahren, können Sie zwischen einer, nur teilweise asphaltierten, Variante am Damm (in orange eingezeichnet) oder der Hauptroute auf alten, von schattenspendenden Alleen gesäumten Landstraßen wählen.

Im Ort halten Sie sich rechts → an einer Kreuzung halb rechts und den Ort verlassen → zwei Kanäle kreuzen und hinein nach **Kl'účovec** **7**.

B7
Okánikovo
Viharos
Rocká samota
Horná Zlatná
Ambruša
Polný kanál
Trávnik
Nový Trávnik
Kanál-Holiare-Kosihy
Veľké Kosihy
ve Čičov
Veľký Lél
Kanál Čičov-Holiare
Ronka
Arcibiskupksý Lél
Malé Kosihy
Klížska Nemá
Duna/Dunaj
Slovenská republika
Magyarország
Gönyő

Komárno, Stadtzentrum

Kľúčovec (Medveďov) SK

Ortskirche. Die Kirche ist mit einem kecken Zwiebelturm verziert, was hierorts eher eine Seltenheit ist.

Dem Verlauf der Straße nach halb links folgen auf freiem Feld geradeaus über die Kreuzung ~ durch ein kurzes Waldstück links an einem kleinen Teich vorbei und hinein nach Číčov.

Číčov SK

Dem Straßenverlauf in Čičov nach links folgen ~ **8** kurz vor **Trávnik** biegen Sie rechts nach Klížska Nemá ab.

Klížska Nemá SK

Im Ort dem Verlauf der Straße nach links folgen ~ weiter nach Malé Kosihy **9**.

VARIANTE Zwischen Malé Kosihy und Komárno fahren Sie nun insgesamt rund 18 km lang auf unbefestigten Dammwegen mit einigen Schranken, wobei die Fahrt zusätzlich durch große Kieselsteine und losen Schotter erschwert wird (⚠). Vor allem, wenn Sie mit einem Fahrradanhänger unterwegs sind, sollten Sie diesen Abschnitt über Okánikovo und anschließend auf dem breiten **Seitenstreifen** der Staatsstraße 63 umfahren.

Malé Kosihy SK

Von Malé Kosihy nach Komárno *20,3 km*

Auf der Hauptroute gleich nach dem Ortsbeginn in die erste Straße rechts ~ geradeaus ~ vor zum Damm ~ an der Donau angelangt fahren Sie auf dem Damm weiter.

Für einige Kilometer durchfahren Sie nun das einstige Naturschutzgebiet der Großtrappen. Waren diese großen Vögel bereits vor dem Bau des Kraftwerks seltene Gäste, so muss man heute schon sehr viel Glück haben, einen Trappenhahn zu sehen. Die größten Vögel, die man hier antrifft, sind die stolzen Graureiher.

Am Damm vorbei an **Zlatná Na Ostrove** **10** und **Nová Stráž** ~ die Eisenbahnbrücke unterqueren und auf Komárno zu ~ dann wieder auf den Damm hinauffahren ~ nach etwa 700 m den Dammweg links verlassen ~ **11** zweimal rechts halten ~ Sie befinden sich nun auf der Halbinsel ~ Sie radeln entlang einer schönen Platanenallee immer geradeaus, vorbei an Pensionen und Restaurants ~ direkt zur Grenzbrücke ~ links liegt das Zentrum von Komárno.

Komárno SK

Vorwahl: 035

- **Tourist Info**, nám. Gen. Klapku, ✆ 948830202, @ raf212
- **Museum der ungarischen Kultur und des Donaugebietes**, Palatínova 13, ✆ 7731476 Galerie mit Werken vom 18. Jh. bis zur 1. Hälfte des 20. Jhs. @ dxa817
- **Zichy Palota (Zichy Palast)**, Nám. gen. Klapku 9, ✆ 7730054 Historische Ausstellung. Jókai (1825-1904), berühmter ungarischer Schriftsteller, ist neben Franz Lehár Sohn der Stadt gewesen.
- **Orthodoxe Kirche**, Palatínova 1075. (18. Jh.)

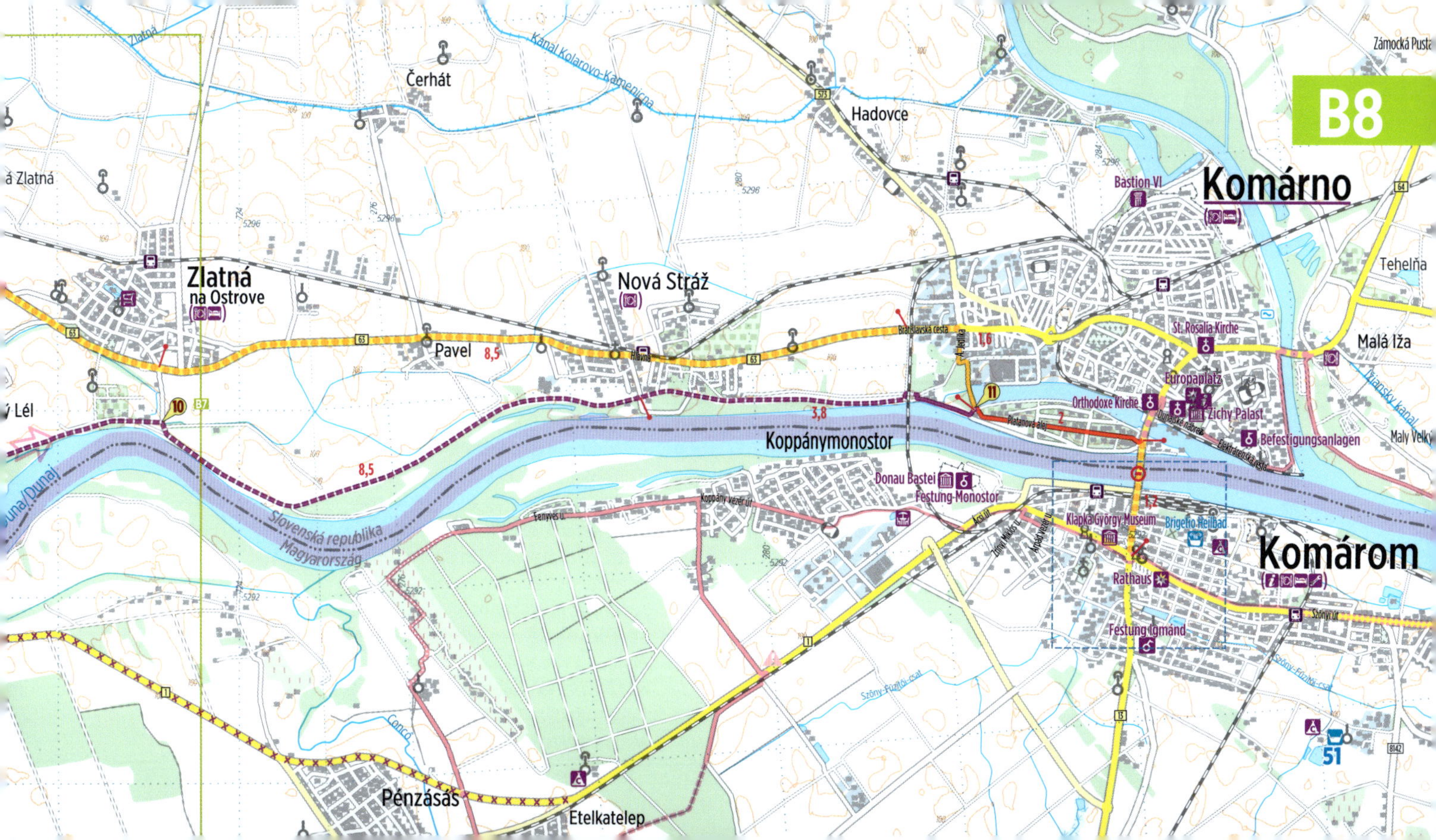
B8
Komárno
Komárom
Zlatná na Ostrove
Nová Stráž
Čerhát
Hadovce
Pavel
Koppánymonostor
Pénzásás
Etelkatelep
Tehelňa
Malá Iža
Zámocká Pusta
Bastion VI
St. Rosalia Kirche
Europaplatz
Orthodoxe Kirche
Zichy Palast
Befestigungsanlagen
Donau Bastei
Festung Monostor
Klapka György Museum
Brigetio Heilbad
Rathaus
Festung Igmánd
Slovenská republika
Magyarország
Kanál Kolárovo-Kameničná
Bratislavská cesta
Platanová alej
Dunajské nábrežie
Elektrárenská cesta
Szőnyi út
Koppány vezér út
Fenyves u.
Szőny-Füzítői-csat.
Concó
8,5
3,8
1,6
2
1,2
51

Europaplatz in Komárno

St. Andreas-Kirche, Palatínova 9. (18. Jh.)

St. Rosalia Kirche, Nám. Sv. Rozálie 878/2. (19. Jh.)

Alte und Neue Burg – Befestigungsanlagen, ✆ 2851250, ✆ 0910/366659 An der Spitze der westlichen Bastion der Neuen Festung steht die Inschrift: „nec arte nec marte" zu Deutsch: „weder mit List noch mit Kraft". Diese Worte beschreiben die uneinnehmbaren Anlagen sehr treffend. Die zur Abwehr der Türken im 16. Jh. erbaute Renaissancefestung und die Neue Festung vom Ende des 17. Jhs. waren seinerzeit die größten der Habsburgermonarchie. @ xeq714

Bastion VI – Römisches Lapidarium, Okružná cesta 42, ✆ 7710066, Jun-Aug Di-Sa 9-17 Uhr, n. V. Befestigungsgebäude aus dem 19. Jh., in dem römische Steinmonumente ausgestellt sind, @ wrb773

Europaplatz, Nádvorie Európy. Komplex aus 45 Gebäuden, die die einzelnen Länder Europas vertreten, erbaut in den Jahren 1999/2000.

Komárno ist der slowakische Teil der Stadt, die sich einstmals über beide Donauufer erstreckte. In Folge des Ersten Weltkrieges, als ganz Europa eine neue Gebietsaufteilung erfuhr, legte man die Grenze entlang der Donau fest. Der am anderen Ufer liegende ungarische Teil der Stadt heißt Komárom.

Rund um die Mündung der Vah in die Donau hatte sich schon während der jüngeren Steinzeit eine kleinere Siedlung gebildet. Später kamen dann die Römer und erbauten ganz in der Nähe das Lager Clemantia. Im 16. Jh. errichtete man zum Schutz gegen die Türken eine Renaissancefestung, die, ebenso wie die Neue Festung, zu den größten der Monarchie gehörte. Diese Trutzburg gilt heute als nationales Kulturdenkmal.

Im Podunajské museum (Donauland-Museum) sind archäologische Funde aus der Zeit der römischen Besatzung sowie Gegenstände zu Geschichte, Volkskunde, Natur und Kunst zu sehen.

Heute ist Komárno eine aufsteigende Industriestadt und wesentlich an der Produktion von slowakischen Schiffen beteiligt. In der großen Werftanlage werden Schiffe für die Donau, aber auch hochseetaugliche Schiffe gebaut.

Von Bratislava nach Komárom (H) 132,5 km

Von Bratislava bis zur ungarischen Grenze ist es nur ein kurzes Stück, bei Rajka passieren Sie die Grenze. Der erste Abschnitt in Ungarn ist landwirtschaftlich geprägt, in den kleinen Dörfern kann man noch strohgedeckte Bauernhäuser finden. Entdecken Sie das hübsche Städtchen Mosonmagyaróvár, die Stadt der 17 Brücken, oder die Komitatshauptstadt Györ mit ihren zahlreichen Sehenswürdigkeiten. Zwischen den beiden Städten radeln Sie über die „Szigetköz", die Insel zwischen Donau und Mosoni Duna (Kleine Donau). In Komárom können Sie sich schließlich im Thermalbad verwöhnen lassen.

Die ebene Landschaft zwischen der ungarischen Grenze und Györ eignet sich hervorragend zum Rad fahren. Hier radeln Sie größtenteils auf einem eigenen Radweg. Hinter Györ sind Sie meist auf Nebenstraßen unterwegs, inmitten der hügeligen Landschaft radeln Sie in leichtem Auf und Ab nach Komárom.

Bratislava (SK) s. S. 36

Von Bratislava nach Čunovo — *17,3 km*

TIPP Zwischen Bratislava und Čunovo verläuft die ungarische Route des Donauradweges genauso wie die slowakische Variante. Die textliche Streckenbeschreibung finden Sie ab **Seite 42.**

Von Čunovo nach Rajka — *4 km*

Čunovo (SK)

Danubiana Meulensteen Art Museum, Vodné dielo Slovensko, am Staudamm, ✆ 02/62528501. Umgeben von einem Park, in welchem sich futuristische Skulpturen tummeln, befindet sich das im Jahr 2000 eröffnete Kunstmuseum. Malereien und Skulpturen privater Künstler finden sich in diesem Museum ebenso wie Werke der Meulensteen-Stiftung. @ vfd277

2 Am Ende des Radweges links auf die Brücke und an der ersten Möglichkeit rechts und am Kanal entlang ~ wenige Meter nach der Staatsgrenze rechts über eine Brücke ~ nach der Brücke links und an der ersten Möglichkeit rechts Richtung Rajka ~ an einem kleinen Teich vorbei ~ auf der **Szent István utca** in den Ort **3**.

Rajka

TIPP Nach Rajka haben Sie die Möglichkeit, über die Szigetköz, die kleine Schüttinsel, zu radeln. Im Augebiet fahren Sie auf Landstraßen durch kleine Dörfer und können die vielfältige Fauna und Flora bestaunen.

Variante über Dunakiliti 34,8 km

Von der Szent István utca in die **Kossuth Lajos utca** einbiegen ~ das nächste Ziel ist Dunakiliti ~ auf der ruhigen Landstraße die **Mosoni Duna** (Kleine Donau) queren.

Mosoni Duna

Die Kleine Donau ist eigentlich ein Nebenarm der Donau. Beide Gewässer umfließen die sogenannte Szigetköz, die kleine Schüttinsel.

Kleine Schüttinsel

Szigetköz heißt Kleine Schüttinsel und bezeichnet das Gebiet zwischen Rajka und Győr. Das Gebiet wird von der Donau oder Duna, wie sie in Ungarn heißt, und von der Mosoni Duna begrenzt.

Die Donau im Norden mit ihren unzähligen Seitenarmen ist von einem riesigen Augebiet umgeben, gegen das die österreichischen Marchauen klein erscheinen. Nördlich

Mosoni Duna

von Rajka fließt einer dieser Seitenarme nach Süden, das ist die Kleine Donau. Bis Györ fließt sie in sanften Bögen an vielen kleinen und größeren Orten vorbei. So zum Beispiel an Dunakiliti und an Feketeerdö, wobei letzterer von der Mosoni Duna fast ganz eingeschlossen wird.

In Mosonmagyaróvár mündet die Leitha, in Ungarn Lajta genannt, in die Kleine Donau, in Györ nimmt die Mosoni Duna noch die Rábca und die Rába auf, um dann schließlich bei Vének wieder in die Duna zu fließen. Die ebene Landschaft der Kleinen Schüttinsel wird landwirtschaftlich intensiv durch Getreideanbau und Viehzucht genutzt. Besonders schön anzusehen sind die weiten Sonnenblumenfelder. Die riesigen Strohberge, die man nach der Ernte allerorts findet, sind die höchsten Erhebungen der Gegend. Daher wird hier das Radfahren zu einem sehr gemütlichen und wenig anstrengenden Erlebnis.

Auf der ruhigen Landstraße gelangen Sie nach Dunakiliti.

Dunakiliti

Dem Straßenverlauf folgend aus Dunakiliti hinaus ⤳ am Sportplatz vorbei ⤳ durch die kleine Ortschaft **Tejfalusziget** ⤳ beim reetgedeckten Bauernhaus links und an der Kirche vorbei ⤳ die Straße wendet sich nach rechts ⤳ Auf der asphaltierten Landstraße nach **Doborgazsziget** und weiter nach Dunasziget.

Dunasziget

- **Ökopark**, Fő u., ✆ 020/2285220. Lehr- und Wissenschaftszentrum; Fahrrad-, Kajak-, Wandertouren, etc., um Voranmeldung wird gebeten.

Links Richtung Halászi abzweigen und vorerst dem Straßenverlauf folgen ⤳ vor der Brücke links in die abzweigende Straße Richtung **Cikolasziget**.

VARIANTE

Sie können mehrere unbefestigte, aber durchaus reizvolle Abschnitte umfahren, wenn Sie geradeaus über die Brücke fahren und der Straße bis nach Halászi folgen, wo Sie auf die Hauptroute des Donau-Radweges treffen.

Auf der Landstraße weiter ⤳ Sie erreichen den Ortsteil Cikolasziget.

Cikolasziget (Dunasziget)

Dem Verlauf der Ortsdurchfahrtsstraße folgen ⤳ der Straßenverlauf macht eine Rechtskurve ⤳ weiterhin auf der Ortsstraße entlang ⤳ dem Straßenverlauf in einer „S-Kurve" folgen, man fährt zuerst links, dann rechts ⤳ an der Gabelung am Ortsende links halten ⤳ einen idyllischen Wasserarm überqueren ⤳ an der T-Kreuzung rechts ⤳ nach der Links-Rechts-Kombination auf dem unbefestigten Weg schnurgerade weiterfahren ⤳ nach etwa 1 km auf den Damm auffahren ⤳ in der Linkskurve den Damm verlassen und auf der etwas holprigen Straße nach Püski hinein.

Püski

Am Ortsbeginn an der Kreuzung der Beschilderung links Richtung Kisbodak folgen

Variante
Dunakiliti 1
Rajká
Slovenská republika
Magyarország
Duna/Dunaj
Mosoni-Duna
Zátonyi-Duna
Dunakiliti
Dobrohošt
Vojka nad Dun
Bezenye
Tejfalusziget
Doborgazsziget
Sérfenyősziget
Ökopark
Dunasziget
Cikolasziget
Nagysziget
Hajóspuszta
Feketeerdő
Paprét
Kossuth Lajos utca
Szent István utca
Rajkai utca
Doborgazi utca
Sérfenyő utca
Fő utca
Galambos utca
8
4,2
7,5
3,6
3
4
57
C2
C3
C4
150
506

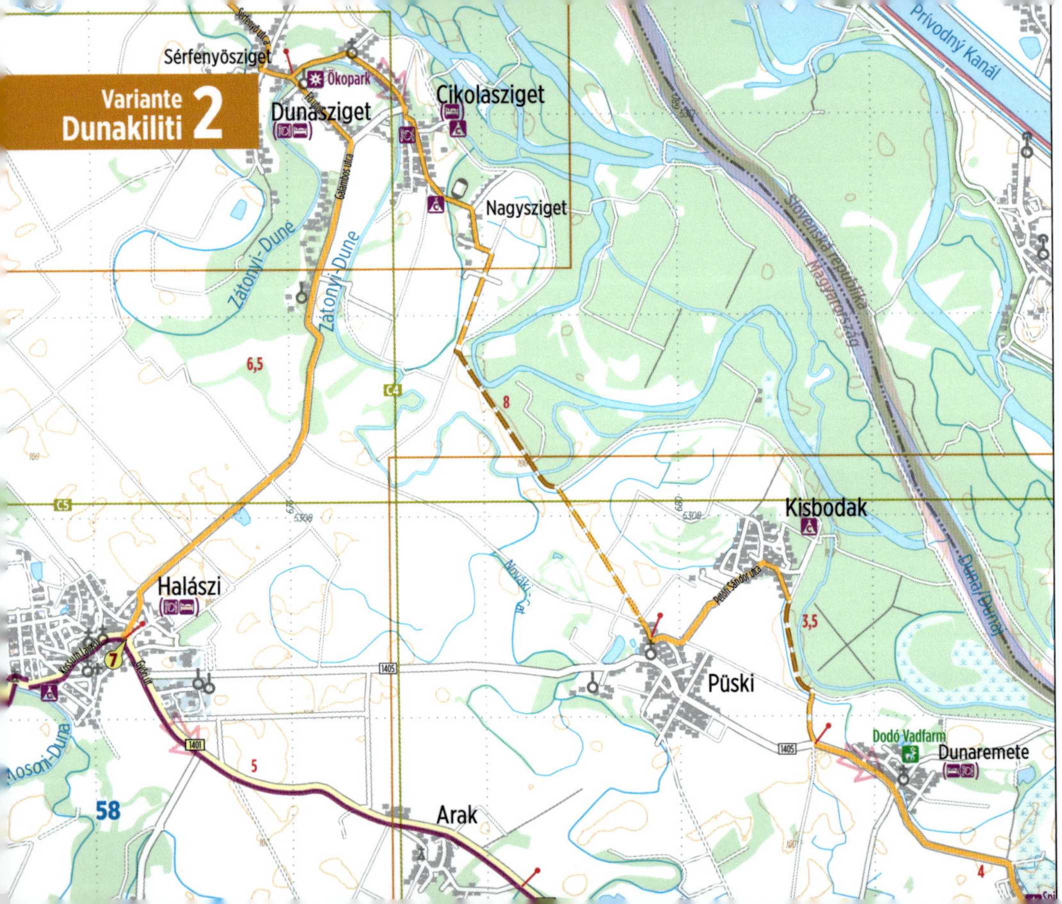

~ links geht es aus Püski hinaus und weiter nach Kisbodak.

Kisbodak

Geradeaus weiter ~ linker Hand befindet sich ein Friedhof ~ weiter bis zu einem kleinen Kreisverkehr, hier rechts ~ anschließend trifft man auf eine Gabelung mit Jesuskreuz ~ an dieser Gabelung rechts halten ~ am Ortsende über eine kleine Brücke ~ geradewegs auf den Damm und den Auwald zu ~ hinauf auf den Damm und dem unbefestigten Weg nach rechts folgen ~ nach zirka 1 km rechts ab und an die Straße, die von Püski direkt nach Dunaremete führt

Dunaremete

Dodó Vadfarm (Wildfarm), Kossuth Lajos u. 1/A., ✆ 020/4164904 7d Rehe, Schafe und Wildschweine können aus nächster Nähe beobachtet werden. Die Farm bietet außerdem einen Streichelzoo u. Kutschen- u. Schlittenfahrten (n. V.) an. @ yuo665

Hier links auf der Landstraße nach Lipót weiter.

Lipót

Vorwahl: 096

Spirit Kalandpark, ✆ 030/5762585 Erlebnis- und Kletterpark, Schatzsuche und Naturerlebnis, @ nyq675

Thermalbad, Fő út 84., ✆ 215723 7d, @ lap743

Zu Ortsbeginn können Sie linker Hand an einem Rastplatz verweilen ~ weiter bis zur Vorfahrtsstraße und dort links ~ hier befindet sich ein kleines Radschild ~ dem Straßenverlauf bis zur Kirche folgen ~ hier rechts halten ~ an dieser Stelle ist der Ort Hérdervár ausgeschildert.

Hédervár

Schloss Hédervár, Fő út 47. Inmitten eines geschützten Parks steht das massive Schloss, ursprünglich gotisch, später im Renaissancestil erweitert. Die gewaltige Stieleiche vor der gotischen Kapelle hält der Volksglaube für tausendjährig. @ yth185

Herausgeputzt präsentiert sich das Schloss Hédervár, ein prächtiges Burgschloss, das aus einer mittelalterlichen Festung entstanden ist. Es liegt in einem wunderschönen Park. Das Eingangstor wird von zwei Sphinxen aus Stein bewacht.

Schräg vis-à-vis der Kirche ist ein kleines strohgedecktes Haus erhalten geblieben. Diese Strohdächer sehen nicht nur hübsch aus, sondern sollen auch weitaus witterungsbeständiger sein als Schindeldächer.

Von Rajka nach Mosonmagyaróvár 16,1 km

3 Die Hauptstraße überqueren und links auf den Radweg auffahren ~ zwischen Straße und Bahnstrecke entlang nach Bezenye.

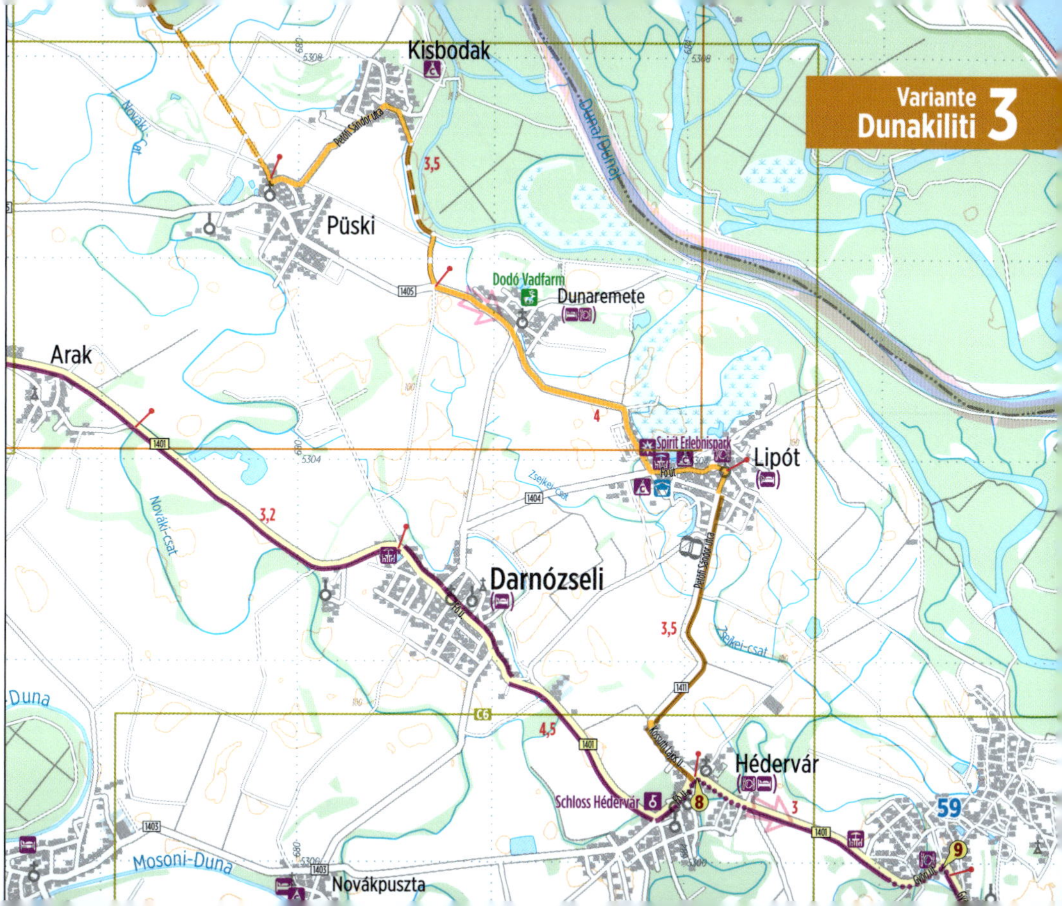

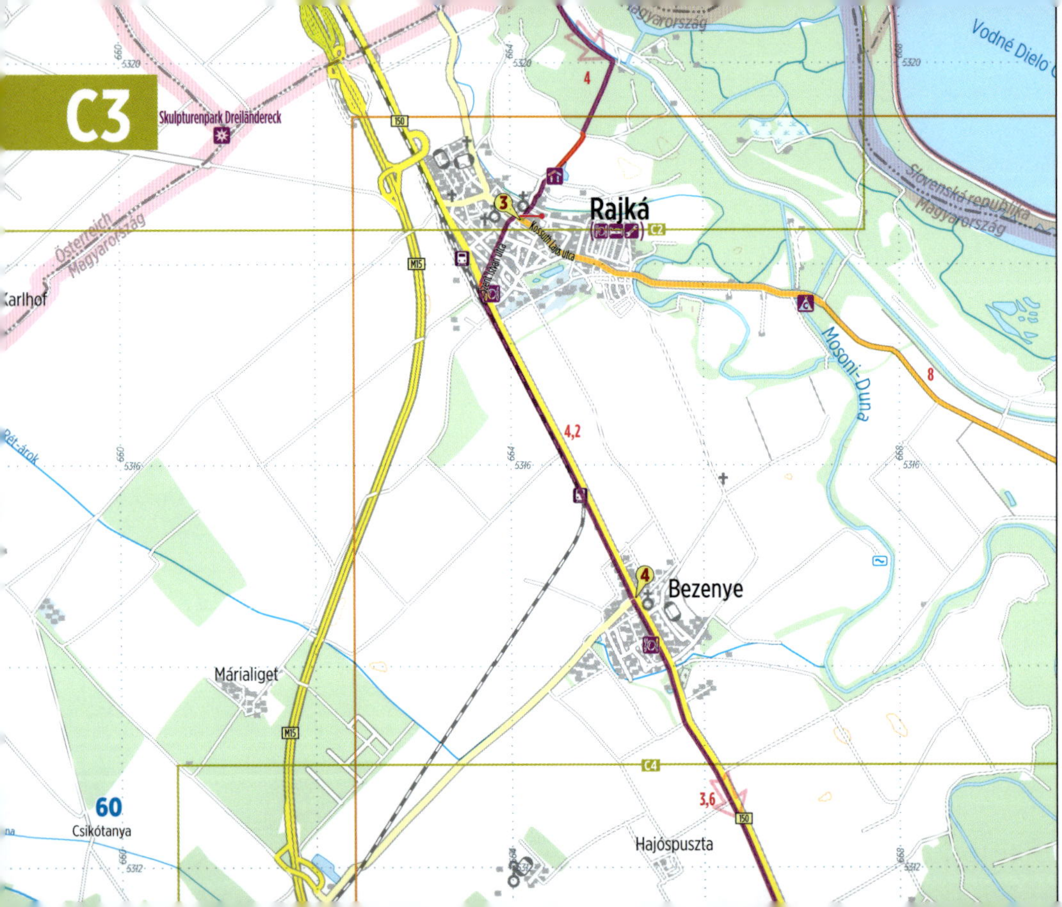

Bezenye

4 Geradeaus Richtung Mosonmagyaróvár – der Radweg endet 100 m nach den ersten Häusern von Magyaróvár **5** – rechts in die Nebenstraße – an der nächsten Straße links – an der T-Kreuzung vor der kanalartig ausgebauten Lajta erneut links und an der Leitha entlang – dem Schotterweg folgen – an der nächsten Kreuzung rechts und auf der Brücke über den Fluss – geradeaus auf die Straße – wenn Sie die Hauptstraße erreichen, beginnt auf der rechten Seite ein Rad- und Fußweg – direkt vor der Brücke auf die linke Straßenseite wechseln – die Straße verlassen – zwischen dem Burggraben und einem Gebäude hindurch, bevor Sie wieder auf eine andere Straße treffen – links von Ihnen liegt die eindrucksvolle Burg Ovár, rechts beginnt das sehenswerte historische Zentrum **6**.

Mosonmagyaróvár

Vorwahl: 096

- **Ciklámen Tourist**, Fő út 8., ✆ 524530, ✆ 518-885, @ twf754
- **Tourinform**, Magyar u. 9, ✆ 206304, @ nrl145
- **Cselley Haus**, Fő utca 19, ✆ 212094 Im Haus ist eine Sammlung von Gemälden und Porzellan ausgestellt, außerdem kann das römische Lapidarium im Keller besichtigt werden. @ dyh744

C4
Hegyeshalom
Hajóspuszta
Paprét
Fenyőmajor
Paulamajor
Feketeerdő
Sérfenyősziget
Ökopark
Dunasziget
Zátonyi-Duna
Lajta bal parti csatorna
Lajta
Lajta jobb parti csatorna
Levél
Magyaróvár
Halászi
Kossuth Lajos u.
Győri út
Mosoni-Duna
Burg Óvár
Cselley Haus
Mosonmagyaróvár
Feuerwehrmuseum
Mosonvármegyei-Museum
Halászi út
3,6
5,5
6,5
5
1,8
61
M15
M1
150
101
16
1401
1405
C3
C5

Mosonmagyaróvár, Burg Óvár

Feuerwehrmuseum, Alkotmány utca 16

FUTURA Interaktives Naturwissenschaftliches Erlebniszentrum, Szent István király út 142, 566280 Wasser, Feuer, Luft und Erde - Die vier Elemente stehen im Mittelpunkt der Ausstellung. Tsunami- u. Erdbebensimulatoren, ein Flugzeugsimulator und ein Planetarium laden die Besucher zum Mitmachen und selbst entdecken ein. @nmq681

Mosonvármegyei Múzeum, Szent István király út 1, 212094 Im 1802 gegründeten Museum sind archäologische, kunsthistorische und ethnographische Sammlungen zum nahegelegenen ehemaligen Ausläufer des Neusiedlersees, heute Naturschutzgebiet, zu sehen. @mhe658

Altkirche, Szent László tér. Mit Grabdenkmal von Erzherzog Friedrich und Erzherzogin Isabella.

Burg Óvár, Pozsonyi út 86. Stammt aus dem 13. Jh., heute Agrarwissenschaftliche Universität. Im Tonnengewölbe des Eingangs sind vier gotische Sitznischen (15. Jh.) zu sehen, außerdem erhalten: zwei Türme, das Grabensystem, Kasematten, Gefängniszellen und die Außenmauern.

Lucsony utca. Eine Reihe von alten, im volkstümlichen Barockstil gebauten Häusern.

Szigetköz Kalandpark, Soproni út 94, 020/9180266. Abenteuer- und Kletterpark in der Rudolf-liget (Au) mit verschiedenen Parcours und einem Flying-Fox über die Mosoni-Duna. @dwt586

Bio Flexum Thermalbad, Kolbai Károly u. 10, 211533

Das „Tor Ungarns", wie die älteste Stadt des Komitats auch genannt wird, wurde im ersten Jh. v. Chr. von den Römern als Grenzlager besiedelt. 1939 wurden die beiden Orte Moson und Magyaróvár zusammengelegt. So entstand der zungenbrecherische Name. Seit dem Mittelalter ist Mosonmagyaróvár ein wichtiges Handels- und Industriezentrum. Von hier wurden früher vor allem Rinder nach Wien geliefert.

Die Altstadt besticht durch ihr vollständiges Barockensemble. Mitten durch das Zentrum fließt die Leitha (ung. Lajta), die dann in die Mosoni Duna, die Kleine Donau, mündet. Das ehemalige Sumpfgebiet wurde mit Hilfe von zahlreichen Kanälen trockengelegt, die heute das Stadtbild sehr reizvoll machen. Über diese künst-

lichen Flüsschen führen insgesamt 17 Brücken. Mosonmagyaróvár, zu deutsch „Wieselburg – Ungarisch Altenburg", wurde durch die Burg Ovár befestigt. Die Burg liegt auf einer Insel im Stadtteil Moson. Schon 1009, zur Zeit des ersten Kreuzzuges, wurde hier eine Festung errichtet, 1260 beim Tatarenzug zerstört und anschließend wieder aufgebaut und erweitert. Herzog Albert Kasimir veranlasste 1798 den Ausbau des zweiten Stockwerkes.

Das heutige Erscheinungsbild erhielt die Burg schließlich im Jahr 1810. Im Burggebäude errichtete der Herzog 1818 ein wirtschaftliches Privatinstitut. Er legte auch den Grundstein für die Agrarwissenschaftliche Universität, die sich heute hier befindet. Die von einer Parkanlage umgebene Burg mit ihren starken Wehrmauern und der großangelegten Grabenanlage ist noch sehr gut erhalten. Wenn man durch den Torbogen die Festungsanlage betritt, stößt man auf gotische Sitznischen, die durch ihre besondere Erscheinung den Weg ins Innere gestalten.

Die Burg und ein Teil des historischen Stadtkerns stehen unter Denkmalschutz und sind zum größten Teil wunderschön restauriert worden. In diesem Teil wurden auch einige großzügig angelegte Fußgängerzonen errichtet, die sich entlang der Magyar utca erstrecken. Bei einem Spaziergang durch diese Straßen wird man bemerken, dass bei der Restaurierung besonderer Wert auf Originaltreue gelegt wurde. Durch die niedrigen Gebäude entsteht eine sehr gemütliche Atmosphäre, die durch die Gastgärten auf der Straße noch verstärkt wird. In der Mitte der Magyar utca, stoßen wir auf den Szent László tér mit einer kleinen, lieblichen Kirche. Durch die gesamte Magyar utca führt auch ein Radweg.

Von Mosonmagyaróvár nach Hédervár — 17,7 km

Nach der Linkskurve wechselt der zweispurige Fahrradweg auf die rechte Straßenseite nach dem Überqueren der Lajta fahren Sie an einem Park mit großen Bäumen

Nebenarm der Lajta

entlang ⇝ an einzelnen Häusern und einer Tankstelle vorbei Mosonmagyaróvár verlassen ⇝ der Radweg führt an der rechten Straßenseite entlang ⇝ an einem kleinen See vorbei ⇝ nach der Linkskurve über die Brücke und nach Halászi hinein.

Halászi

Der Radweg wechselt kurzzeitig auf die linke Straßenseite und führt dann auf der rechten Seite weiter durch den Ort ⇝ auf dem breiten, gepflasterten, roten Fahrradweg entlang der Hauptstraße durch den Ort ⇝ **7** nach der scharfen Rechtskurve den Ort verlassen ⇝ an den Informationstafeln vorbei, die am Radweg entlang aufgestellt wurden ⇝ rechts sehen Sie den Ort **Arak** ⇝ an einem kleinen Park vorbei nach Darnózseli hinein

Darnózseli

Der Radweg wechselt auf die linke Straßenseite ⇝ auf dem Radweg durch den Ort ⇝ am Ortsende wechselt der Weg erneut auf die rechte Straßenseite ⇝ Sie erreichen Hédervár ⇝ gleich am Ortseingang erkennen Sie links den großen Schlosspark mit Schloss Hédervár ⇝ in der Linkskurve verlässt der Radweg die Straße kurzzeitig und endet kurz vor der

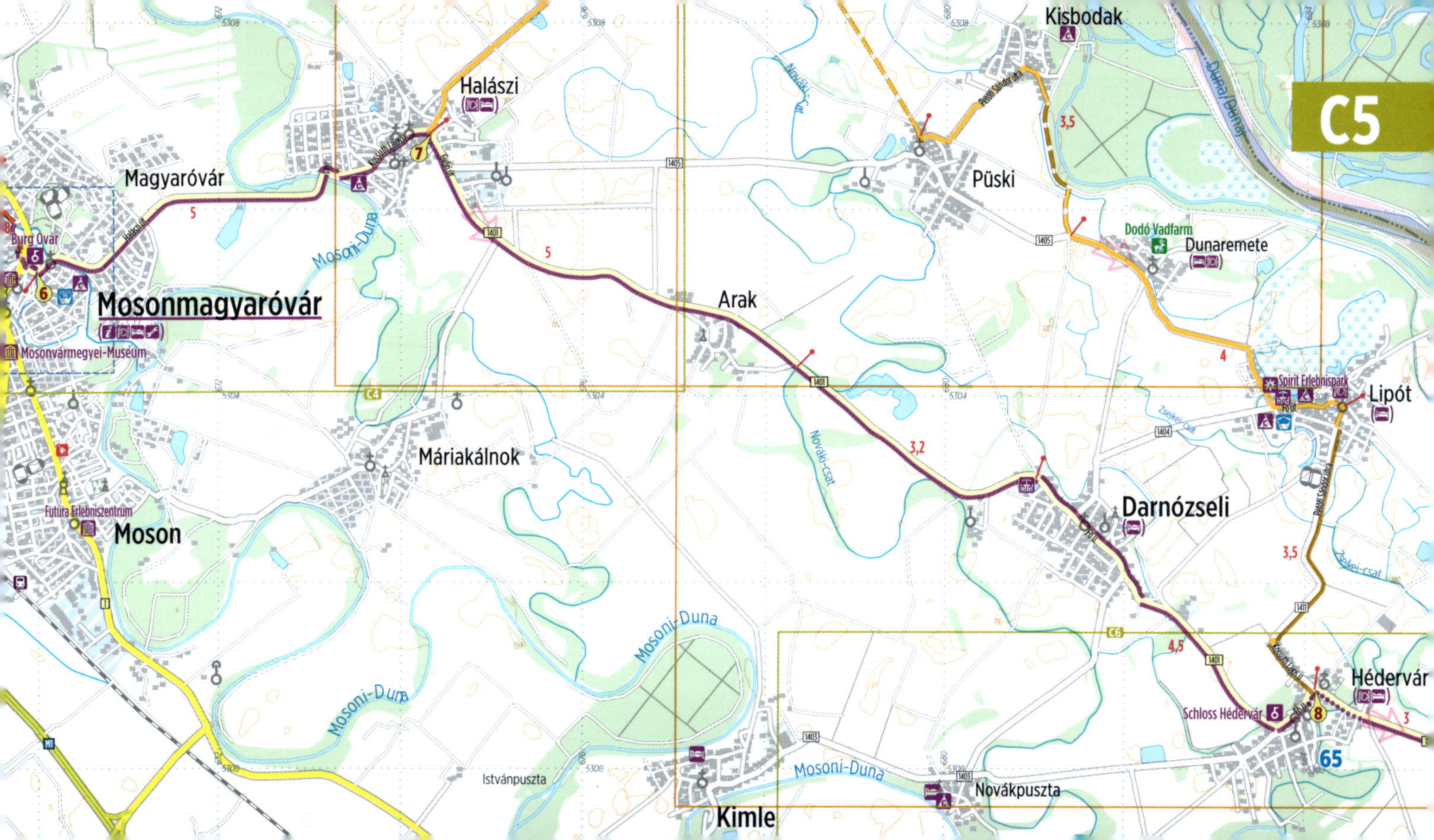
C5
Kisbodak
Halászi
Püski
Magyaróvár
Burg Óvár
Mosonmagyaróvár
Mosonvármegyei-Museum
Dodó Vadfarm
Dunaremete
Arak
Spirit Erlebnispark
Lipót
Máriakálnok
Darnózseli
Futura Erlebniszentrum
Moson
Hédervár
Schloss Hédervár
Mosoni-Duna
Nováki-csat
Zsejkei-csat
Duna/Dunaj
Kimle
Novákpuszta
Istvánpuszta
Petőfi Sándor utca
Kossuth Lajos u.
Győri út
Fő út
1401
1405
1404
1403
1411
M1
5
3,5
4
3,2
4,5
3
6
7
8
C4
C6
65

Schloss Hédervár

Rechtskurve an der Kirche.

Hédervár

Schloss Hédervár, Fő út 47. Inmitten eines geschützten Parks steht das massive Schloss, ursprünglich gotisch, später im Renaissancestil erweitert. Die gewaltige Stieleiche vor der gotischen Kapelle hält der Volksglaube für tausendjährig. @ yth185

Herausgeputzt präsentiert sich das Schloss Hédervár, ein prächtiges Burgschloss, das aus einer mittelalterlichen Festung entstanden ist. Es liegt in einem wunderschönen Park. Das Eingangstor wird von zwei Sphinxen aus Stein bewacht.

Schräg vis-à-vis der Kirche ist ein kleines strohgedecktes Haus erhalten geblieben. Diese Strohdächer sehen nicht nur hübsch aus, sondern sollen auch weitaus witterungsbeständiger sein als Schindeldächer.

Von Hédervár nach Györ 23,2 km

8 Auf dem markierten Radweg weiter durch den Ort ~ bei der Ortsausfahrt beginnt rechter Hand ein asphaltierter Radweg ~ nach 3 km erreichen Sie Asványráró.

Ásványráró

Die Fischerei ist heute das älteste, hier noch ausgeübte Gewerbe. Schiffe schleppen, Müllerhandwerk und Gold waschen sind schon verschwunden. Der letzte Goldwäscher von Asványráró starb 1944. Hobbymäßiges Goldwaschen wird in der Gegend allerdings heute noch betrieben, wenn auch mit mäßigem Erfolg.

Zu Ortsbeginn gibt es anfangs einen Radstreifen auf der Straße ~ **9** im Kreisverkehr bei der Kirche rechts ab ~ dem Schild Richtung Györ folgen ~ am Ortsende beginnt ein Radweg rechts neben der Straße ~ er führt bis nach Dunaszeg.

Dunaszeg

VARIANTE **10** Ab hier haben Sie zwei Möglichkeiten, um nach Györ zu gelangen: Zum einen können Sie weiter auf dem Radweg neben der Landstraße bis nach Györ fahren, oder Sie radeln am idyllischen Damm 13 km an der Kleinen Donau entlang. Diese Variante ist die ersten 4 km nicht asphaltiert, danach wurde der Weg aber geteert und ist gut befahrbar.

Variante entlang der Mosoni Duna nach Győr 13,2 km

Um zum Damm zu kommen, in Dunaszeg 200 m nach der Kurve beim Supermarkt in die **Kossuth Lajos utca** abzweigen ~ am Damm angekommen links und Richtung Györ fahren ~ zu Ihrer Rechten breitet sich ein idyllisches Augebiet aus ~ der Damm teilt sich ~ geradeaus kommen sie auf dem Radweg nach **Györ** hinein.

Wenn Sie auf der Hauptroute, also auf dem Radweg neben der Hauptstraße bleiben, durchfahren Sie die Dörfer **Györladamér** und **Györzámoly** **11** ~ anschließend gelangen Sie nach **Györújfalu** ~ ziemlich am Ortsende erreichen Sie einen Platz mit zwei kleinen Kir-

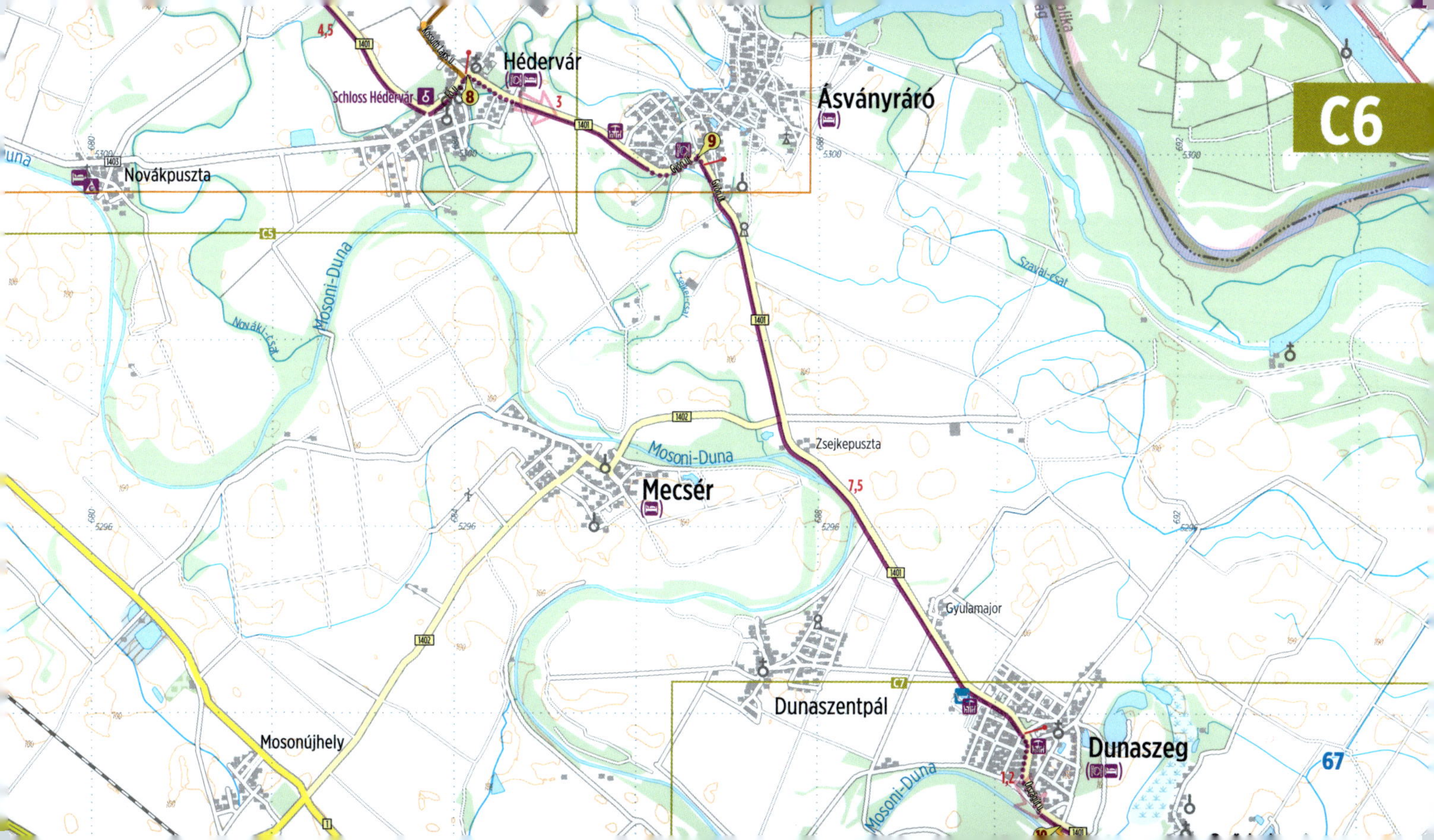
C6
Hédervár
Schloss Hédervár
Ásványráró
Novákpuszta
Mosoni-Duna
Nováki-csat.
Szavai-csat.
Zsejkepuszta
Mecsér
Gyulamajor
Dunaszentpál
Dunaszeg
Mosonújhely
4,5
3
7,5
1,2
8
9
1401
1402
1403
C5
C7
67

chen ~ kurz nach der Kirche rechts abbiegen ~ schräg über den Platz ~ rechts neben dem Restaurant in die kleine Gasse.

TIPP Der Radweg ist hier mit einem blauen Hinweisschild gekennzeichnet.

Kurz darauf treffen sich der Radweg und die Landstraße, welche nach Györ führt, wieder ~ immer geradeaus ~ 12 der Radweg führt nach rechts weiter auf die **Hédervári ut** ~ geradeaus über den Kreisverkehr in die **Ronay Jácint utca** ~ die Straßenseite wechseln ~ auf dem straßenbegleitenden Radweg bis zur **Kossuth híd,** einer imposanten Stahlbrücke.

INS ZENTRUM Von dieser Brücke aus ist rechter Hand das Gelände des Thermalbades zu sehen, das auf der „Sziget" liegt. Eine Bronzefigur ziert den äußersten Zipfel der Insel. Von hier aus können Sie auch Ihre Sightseeing-Tour mit dem Rad durch die Fußgängerzone von Györ starten, denn Rad fahren ist hier, im Gegensatz zu manchen anderen Städten, erlaubt!

Győr

Vorwahl: 096

- **Tourinform Győr**, Árpád u. 32, ✆ 311771, ✆ 336817, @ ovi224
- **Apor-Ausstellung – Ort des Martyriums**, Káptalandomb 1, ✆ 020/3128735 Die Ausstellung setzt dem Wirken des Bischofs Vilmos Apor ein Denkmal.
- **Apothekenmuseum/Széchenyi Apotheke**, Széchenyi tér 9, ✆ 320954 Die Innenräume der Apotheke sind reich mit Stuck und Gemälden verziert. Das Museum ist das einzige in Ungarn, dass auch noch als Apotheke genutzt wird.
- **Imre-Patkó-Sammlung**, Széchenyi tér 4, ✆ 310588 Im frühbarocken „Eisenklotz-Haus" (17. Jh.) ist ungarische und westeuropäische bildende Kunst des 20. Jhs., fernöstliches Kunstgewerbe aus dem 18.-20. Jh. und eine ethnographische Sammlung aus Afrika zu sehen.
- **János-Xántus-Museum**, Széchenyi tér 5, ✆ 310588 In dem 1741-43 erbauten Abtshaus ist eine dem Forschungsreisenden Janos Xantus (1825-1894) gewidmete Völkerkundesammlung untergebracht.
- **Margit Kovács-Ausstellung**, Apáca u. 1, ✆ 326739. Im Kreszta-Haus sind Werke der Keramikerin Margit Kovács zu besichtigen.
- **Péter Váczy Sammlung**, Nefelejcs köz 3, ✆ 318141 Die Sammlung des Historikers Péter Váczy besteht vor allem aus Werken der bildenden Kunst.

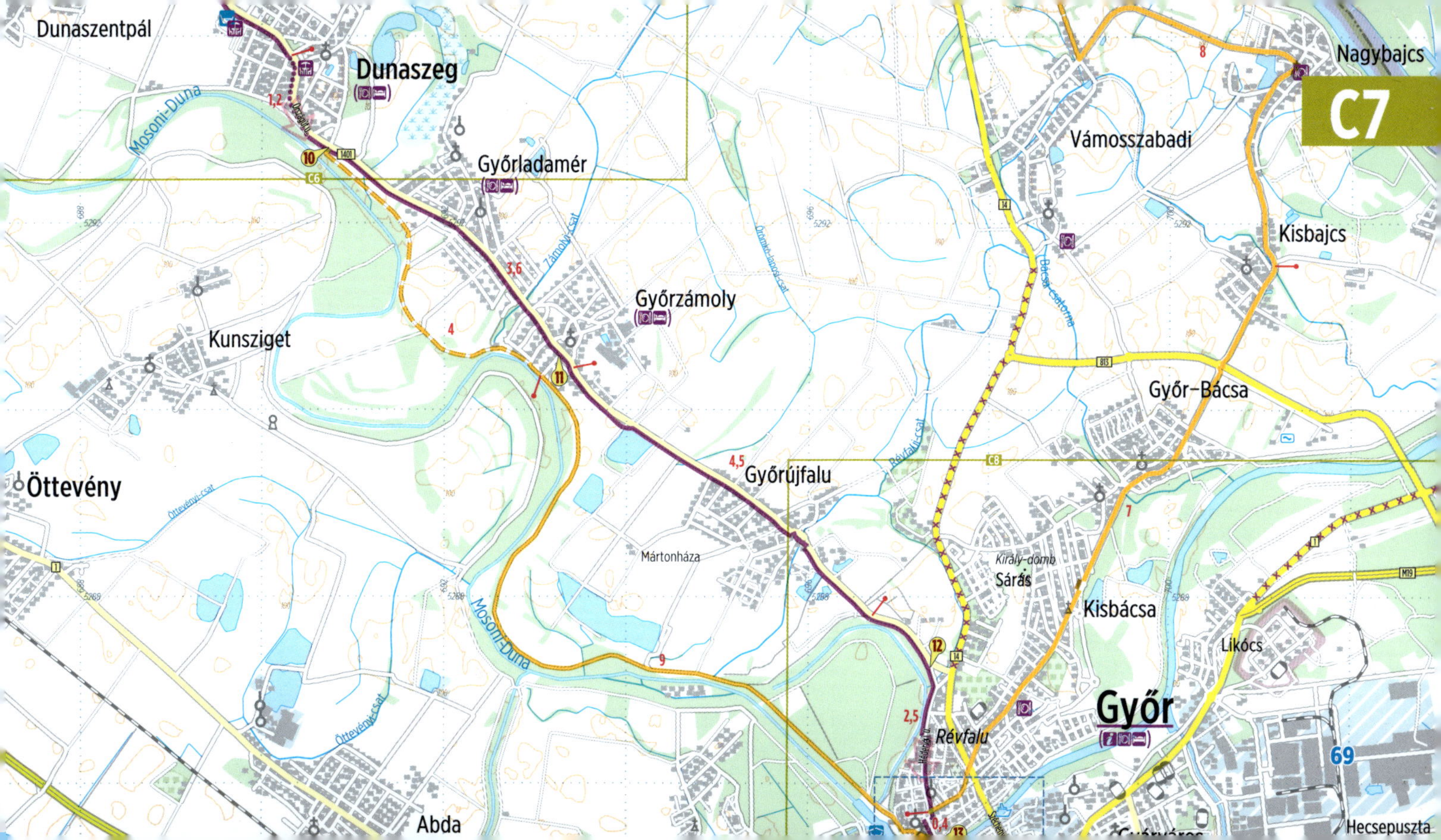

C7
Dunaszentpál
Dunaszeg
Győrladamér
Győrzámoly
Kunsziget
Öttevény
Mosoni-Duna
Győrújfalu
Mártonháza
Abda
Vámosszabadi
Nagybajcs
Kisbajcs
Győr-Bácsa
Király-domb
Sárás
Kisbácsa
Likócs
Győr
Révfalu
Hecsepuszta
Zámolyi-csat
Bácsa-csatorna
Révfalui-csat
Öttevényi-csat
C6
C8
1401
14
813
1
M19
69
10
11
12
13
1,2
3,6
4
4,5
2,5
0,4
7
8
9

Győr, Rathaus

- **Schatzkammer, Bibliothek und Lapidarium der Erzdiözese**, Káptalandomb 26, ✆ 525090 Ⓔ Thema: Kirchenkunst in West-Ungarn von der Gotik bis ins 19. Jh.
- **Städtisches Kunstmuseum**, Király u. 17., ✆ 322695 Ⓔ Das städtische Kunstmuseum hat seinen Sitz im Schloss Esterházy, einem Baudenkmal aus dem 18. Jh. @ ylq675
- **Ständige Ausstellung und Archiv von Miklós Borsos**, Apor Vilmos püspök tere 2, ✆ 316329 Ⓔ Die Ausstellung beschäftigt sich mit dem Lebenswerk des Künstlers Miklós Borsos.
- **Basilika**, Káptalan Domb, @ msh386
- **Benediktinerkirche**, Széchenyi tér. Von 1635-41 nach den Plänen von Baccio del Biancho erbaut. @ gvl173
- **Karmeliterkirche**, Bécsi kapu tér. Die Barockfassade und der Innenraum der Kirche (1721-25) stammen von Martin Witwer.
- **Bischofsburg**, Káptalandomb 1, ✆ 525090 Ⓔ Der ehemalige Bischofssitz mit dem alten Wohnturm geht auf das 12. Jh. zurück. Von der Aussichtsterrasse des Turmes hat man ein einzigartiges Panorama auf die Stadt und deren Umgebung.
- **Györer Nationaltheater**, Czuczor Gergely utca 7., ✆ 520600. Der Fassadenschmuck des modernen Theatergebäudes ist ein Werk des 1908 in Ungarn geborenen Malers Victor Vasarely. Im Haus ist eines der besten Tanzensembles Mitteleuropas, das Györer Ballett, beheimatet. @ rsx551
- **Bundesladendenkmal**, Gutenberg tér. Das Denkmal ist eines der imposantesten Beispiele des Györer Barocks. Es wurde auf Befehl Kaiser Karls VI. erbaut und ist ein Werk Fischer von Erlachs.
- **Dunakapu tér.**, Dunakapu tér. Auf dem Brunnen am Donautorplatz ist der legendäre Eiserne Hahn, der das Ende der türkischen Besatzung angekündigt hat, zu sehen. Der Platz wird für Veranstaltungen genutzt und dienstags und freitags findet hier ein Wochenmarkt statt.
- **Haus zum „Stock-im-Eisen“**, Széchenyi tér 4. Der Name stammt vom nagelüberzogenen Stock an der Ecke des Hauses. Diese schlugen die wandernden Handwerksgesellen als Erinnerung an ihre Anwesenheit in den Stock. Der Stock war auch das Wahrzeichen des Gewürzladens im Haus.
- **Jedlik-Trinkbrunnen**, Apáca u. 1., vor dem Kreszta Haus. Der Brunnen erinnert an den Erfinder des Sodawassers und der Siphonflasche, den Mönch István Ányos Jedlik.
- **Széchenyi tér.**, Széchenyi tér. Der imposante Hauptplatz mit den barocken Hausfassaden ist Mittelpunkt des Stadtlebens.

Győr, Széchenyi tér

- **Achilles Park**, Gyirmóti Tájvédelmi Körzet , ✆ 556012, @ gds812
- **Aranypart (Goldstrand)**, Vásárhelyi Pál u. 26. , ✆ 524297
- **Aqua Sportzentrum**, Bercsényi liget, ✆ 020/3964839 (7d), @ sfu257
- **Magyar Vilmos**, Töltésszer 24, ✆ 528306 (7d)
- **Rába Quelle Heil-, Thermal- und Erlebnisbad**, Fürdő tér 1., ✆ 514905 (7d), @ gph825

Györ ist eine der größten und bedeutendsten Städte der Kleinen Ungarischen Tiefebene. Sie liegt am Zusammenfluss von Mosoni Duna, Rábca (Rabnitz) und Rába (Raab), die gemeinsam als mächtiger Fluss in die Donau münden. Die Ursprünge dieser Stadt liegen in der Bronzezeit. Heute ist Györ neben Budapest, Szeged und Pécs eine der wichtigsten Industriestädte. Wirtschaftliche Bedeutung erlangte Györ durch den im 18. Jh. erbauten Donauhafen.

Die Kelten waren das erste Volk, das sich in diesem günstigen Siedlungsgebiet niederließ. Im 1. Jh. n. Chr. bauten die Römer diese Siedlung, sie nannten sie Arrabona, zu einer der bedeutendsten Grenzfestungen der Provinz Pannonia aus. Die ungarische Besiedelung begann Ende des 9. Jhs.

Ende des 16. Jhs. wurde Györ von den Türken erobert. Sie montierten auf dem Donautor einen eisernen Wetterhahn. Die Türken wähnten Györ fest in ihrer Hand und der Befehlshaber verkündete, dass Györ erst wieder christlich werde, wenn der eiserne Hahn zu krähen anfinge und der türkische Halbmond darunter voll werde. Als die ungarische Armee vier Jahre später vor der Stadt stand, kletterte nachts ein ungarischer Soldat zum Hahn hinauf und wartete auf den Sonnenaufgang, den er, ähnlich wie ein Hahn, mit einem Trompetenstoß ankündigte. Die Türken brachen in Panik aus, denn sie glaubten, die Weissagung habe sich erfüllt. In dem darauffolgenden Chaos explodierten die Schießpulverfässer der Türken und die Ungarn konnten die Stadt zurückerobern. Den Eisernen Hahn können Sie noch heute am Dunakapu tér bewundern.

Über die Jedlik Anyos út erreicht man den Széchenyi tér. In der Mitte dieses imposan-

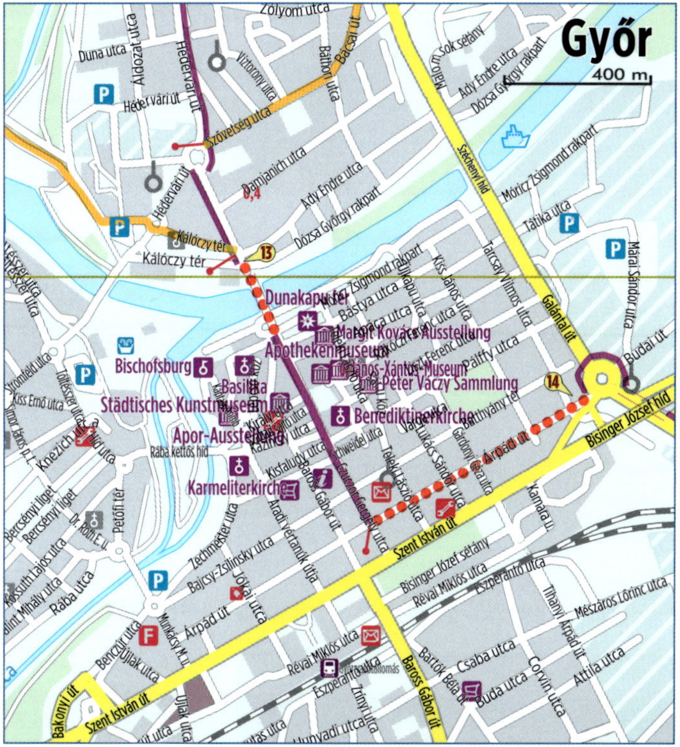

Győr, Karmeliterkirche

ten Platzes, der von einer Benediktinerkirche mit zwei Türmen beherrscht wird, steht eine Mariensäule. Ganz in der Nähe befindet sich das modernste Theatergebäude Ungarns, das Györer Nationaltheater, das an eine riesige Sprungschanze erinnert. Der Fassadenschmuck an den Seitenwänden besteht aus schwarzweißen Fliesen mit geometrischen Formen und stammt vom weltberühmten ungarischen Maler Victor Vasarely. Die Ballettgruppe dieses Theaters, das Györer Ballett, ist in ganz Europa bekannt. Auf der Arany János út kommen Sie zum Blumenmarkt und zur Raab. Diese Straße mit ihren kleinen alten Geschäften ist wie geschaffen zum Bummeln und Einkaufen. Die Karmeliterkirche am Bécsi kapu tér, dem Wiener-Tor-Platz, wurde in den Jahren von 1721 bis 1725 erbaut. Die prächtige Barockfassade ist in kräftigem Gelb gehalten. Sie stehen nun direkt vor dem Mittelpunkt dieses Stadtteiles, dem Káptalandomb (Kapitelhügel), auf dem sich, von der restlichen Stadt ein wenig abgehoben, die Bischofsburg und die Basilika befinden. Die im 12. Jh. erbaute Bischofsburg beherbergt das barocke Bischofsspital.

Die Burg wurde mehrmals umgebaut und erweitert. So zum Beispiel im 14. Jh., als der Wohnturm einen Zubau erhielt, und später im 16. Jh., als wegen der zunehmenden Türkengefahr die Burg nochmals vergrößert wurde. So entstand hier die größte Festung Ungarns. Als sie im 19. Jh. ihre Wehrfunktion verlor, begannen die Bürger mit dem Abtragen der mächtigen Mauern, um sich so billiges Baumaterial für ihre Häuser zu verschaffen, was aber noch rechtzeitig gestoppt werden konnte.

Die Basilika, deren Grundstein im 11. Jh. gelegt wurde, ist ein Gemisch aus verschiedenen Stilepochen. Aus dem 13. Jh. stammt die gotische Apsis, die noch erhalten ist. Im 17. und 18. Jh. wurde der Dom nach den Türkeneinfällen barock umgebaut, die klassizistische Fassade entstand 1823.

In der 1404 vollendeten Ladislauskapelle ist eine aus vergoldetem Silber gefertigte Herme mit dem Kopfreliquiar König Ladislaus des Heiligen zu sehen.

Wer die Geschichte dieser Stadt genauer studieren will, dem empfehlen wir das „János-Xántus-Museum“ im Abtshaus. Außer der Abteilung für die Geschichte von Györ und Umgebung ist hier auch eine Abteilung für Völkerkunde eingerichtet. Auch darf natürlich das für diese Gegend typische Apothekermuseum nicht fehlen. Es befindet sich am Széchenyi tér Ecke Czuczor Gergely. Weitere sehenswerte Gebäude sind das Rathaus, das Kreszta-Haus mit einer Ausstellung der Keramikerin Margit Kovács und das Altabak-Haus, das ehemalige Wohnhaus (17. Jh.) des Domkapitulars. Unbedingt ausprobieren sollte man in Györ auch die heilende Kraft des Wassers im Thermalbad.

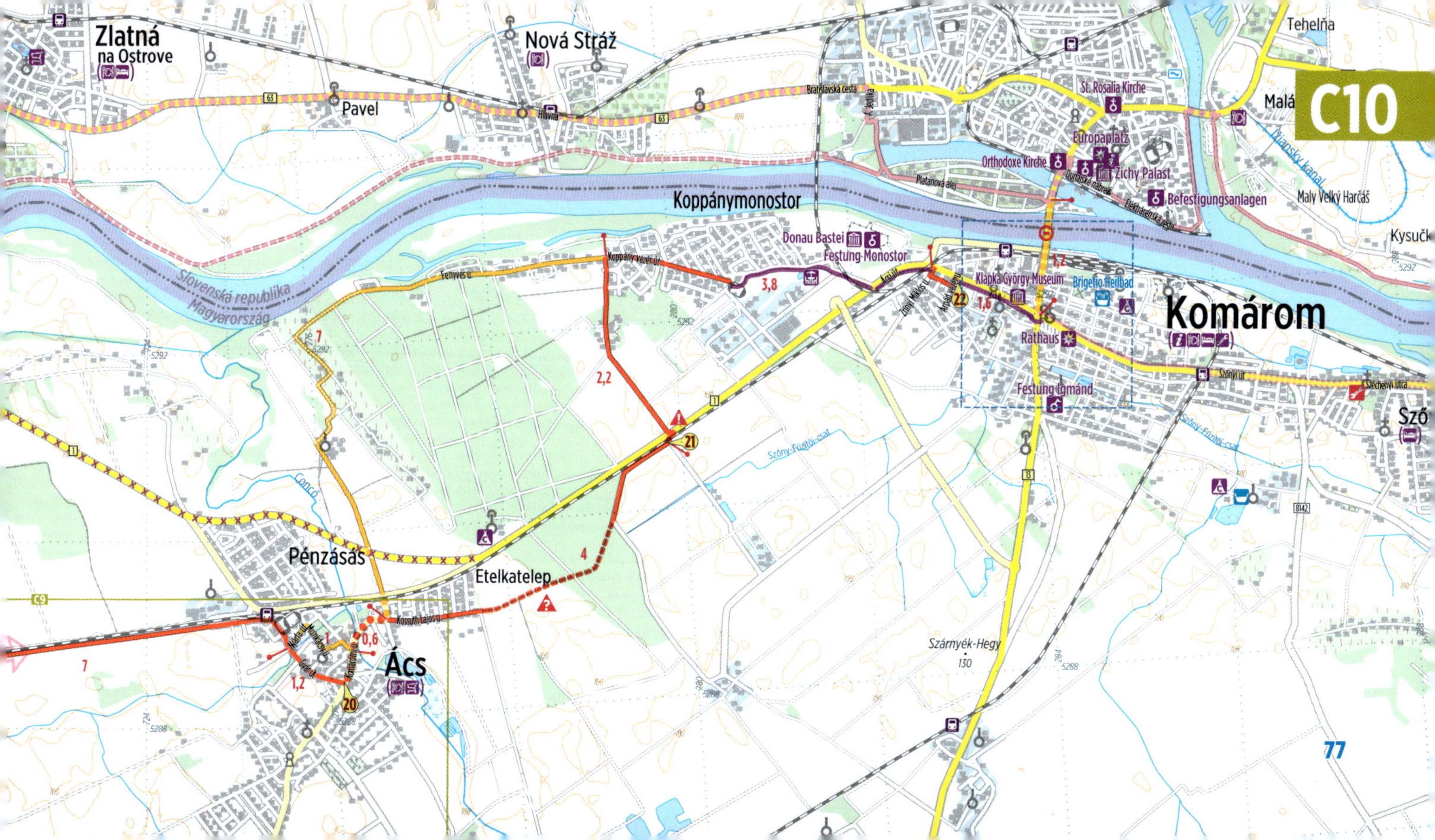

C10
Zlatná
na Ostrove
Nová Stráž
Pavel
Hlavná
Bratislavská cesta
St. Rosalia Kirche
Malá
Europaplatz
Orthodoxe Kirche
Zichy Palast
Platanová alej
Dunajské nábrežie
Befestigungsanlagen
Elektrárenská cesta
Malý Veľký Harčáš
Koppánymonostor
Donau Bastei
Festung Monostor
Kysuč
Tehelňa
Slovenská republika
Magyarország
Fenyves u.
Koppány vezér út
3,8
Ácsi út
1,2
Klapka György Museum
Brigetio Heilbad
Komárom
1,6
Rathaus
Szőnyi út
Széchenyi utca
Festung Igmánd
Szőny-Füzitői-csat.
Sző
7
2,2
21
22
Concó
Pénzásás
Etelkatelep
4
Kossuth Lajos u.
0,6
1
Ács
1,2
20
Szárnyék-Hegy
130
77

Komárom, Fort Monostor

VARIANTE Der Weg ist auf dem folgenden Abschnitt in einem sehr schlechten Zustand, insbesondere nach Regenfällen müssen Sie mehrmals großen Pfützen ausweichen oder sie vorsichtig durchfahren. Alternativ können Sie auch auf Straßen und Feldwege nördlich von Ács ausweichen.

Auf der Hauptroute geradeaus in die Felder hinaus fahren ~ Sie kommen in ein kleines Waldstück, ⚠ auf dem sehr schlechten und pfützenreichen Weg durch den Wald ~ kurz parallel zur Hauptstraße ~ **21** bei der nächsten Kreuzung links ab ~ über den Bahnübergang und an der Hauptstraße nach rechts ~ ⚠ nach 50 m die stark befahrene Hauptstraße überqueren und in die nach links wegführende schmale Straße einbiegen ~ rechts und durch die Felder ~ der Straße nach **Koppánymonostor**, einem Vorort von Komárom, folgen ~ an der T-Kreuzung rechts in die **Koppányvezér út** ~ dem Straßenverlauf folgen ~ noch im Ort beginnt auf der rechten Straßenseite ein Radweg ~ über den Bahnübergang ~ an der T-Kreuzung die Hauptstraße überqueren und links weiter ~ dem Radweg folgen, der auf der rechten Straßenseite nach Komárom hineinführt ~ der Radweg endet nach dem Bahnübergang ~ in die erste Straße nach dem Bahnübergang rechts ~ in die nächste Straße links ~ an der T-Kreuzung erneut links ~ zurück an der Hauptstraße rechts auf den zweispurigen Rad- und Fußweg **22** ~ am Kreisverkehr im Zentrum von Komárom geradeaus weiter, um der Hauptroute auf der ungarischen Donauseite zu folgen.

AUSFLUG Am Kreisverkehr links gelangen Sie zur Donaubrücke und ins slowakische Komárno (s. S. 50).

Komárom

Vorwahl: 034

- **Komtourist-Vértes, Volan Gmbh**, Tancsics M. u. 38, ☎ 347394
- **Tourinform**, Igmándi út 2, ☎ 540590, ☎ 540591, @xnx526
- **Donau Bastei**, bei der Festung Monostor Hier erhalten Sie Einblick in die Welt der ungarischen Kriegsschiffe. @mqk323
- **Klapka György Museum**, Kelemen László utca 22, ☎ 344697 In der ständigen Ausstellung sind die Fresken und Sachfunde der ehemaligen römischen Bürgerstadt Brigetio zu sehen. Die im Jahre 1998 ausgegrabenen Sarkophage mit den darin gefundenen Skeletten, Goldschmuck und Gegenständen aus Glas und Bronze zählen zu den wertvollsten Stücken des Museums. @mrw364
- **Magyar Tengerésztörténeti Gyűjtemény (Ausstellung der ungarischen Seefahrtsgeschichte)**, Szabadság tér 1, im Rathaus, ☎ 541340. Die Ausstellung hat die Geschichte der ungarischen Seefahrt zum Thema. Die zwei, am Eingang aufgestellten, Schiffsanker sind ein Andenken an die ersten beiden Donau-Dampfschiffe „Budapest" und „Szeged". @our822
- **St. Stephans Kirche**, Szent László u. Bedeutendes Werk der modernen ungarischen Kirchenbaukunst.
- **Festung Igmánd**, Igmándi eröd Römisches Lapidarium. Gezeigt werden aus dem Altertum stammende Steinmetzar-

beiten, beschriftete Grabsteine sowie Sarkophage und Altarsteine. @mcc521

Festung Monostor, Duna-part 1., ✆ 540582 Die Festung Monostor – die größte neuzeitliche Festung in Mitteleuropa – wurde zwischen 1850 und 1871 erbaut. Die als militärkulturelles Denkmal geltende Anlage beherbergt kompliziert angelegte Festungsmauern, Basteien, 3-4 m dicke Erdwälle und unterirdische Kasematten. @oak856

Rathaus, Szabadság tér 1. Neubarocker Bau

Brigetio Heilbad, Táncsics Mihály utca 34-36., ✆ 342551 Außen- u. Innenbecken mit Heilwasser, Saunawelt. @qup788

Nach dem Ersten Weltkrieg wurde die Grenze zwischen der damals neu entstandenen Tschechoslowakei und Ungarn entlang der Donau gezogen. So kam es auch zur Teilung der Stadt Komorn in das slowakische Komárno und das ungarische Komárom, welche die „Brücke der Freundschaft" verbindet.

In römischer Zeit lag auf dem Gebiet des heutigen Komárom das Legionslager Brigetium. Bei Ausgrabungen stieß man auf zahlreiche Funde wie Sarkophage und Goldmünzen. All diese Schätze sind heute in der Igmand-Festung zu besichtigen. Die drei Befestigungsanlagen Festung Csillag, Festung Igmánd und Festung Monostor, die im Königreich Ungarn von großer Bedeutung waren, sind heute noch recht gut erhalten. Ihre Standfestigkeit konnten sie im Jahr 1848, dem Jahr der Revolutionen, unter Beweis stellen: Da das Befestigungssystem stark und die vorhandenen Winterreserven ausreichend waren, konnte die Burg von den Aufständischen nicht eingenommen werden.

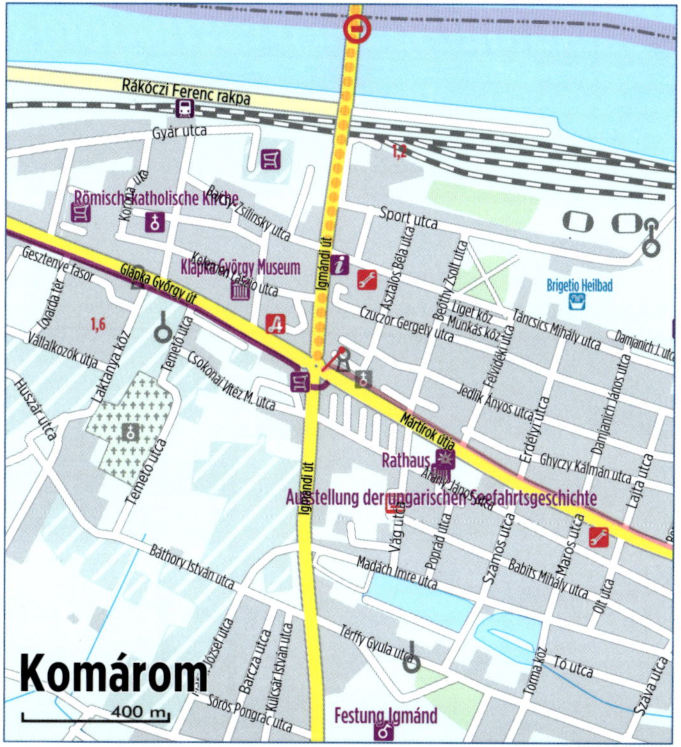

Von Komárno nach Esztergom (SK) 57,4 km

Dieser Abschnitt beschreibt die Strecke von Komárno nach Esztergom am slowakischen Ufer. Die kulturellen Höhepunkte dieser Route sind Komárno, die bedeutende archäologische Fundstätte „Kelemantia“ und natürlich Esztergom. Ein beliebtes Ausflugsziel sind die beiden Thermalwasser-Seen bei Patince. Das Ziel und zugleich der kulturell glanzvollste Teil dieser Etappe ist Esztergom, das „Ungarische Rom“.

Der letzte Abschnitt in der Slowakei überrascht mit kleinen, gemütlichen Dörfern und ruhigen Abschnitten in Donaunähe. Die Route verläuft teils auf der Bundesstraße und teils auf dem Damm entlang der Donau, allerdings ist dieser immer wieder unbefestigt.

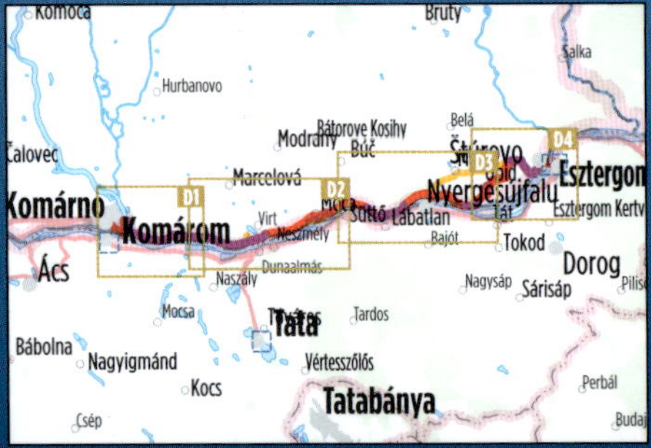

Komárno (SK) s. S.50

Von Komárno nach Iža *12,3 km*

1 An der Straße, die rechts über die Brücke ans ungarische Ufer führt, links abbiegen ~ über die kleine Brücke ~ gleich in die erste Straße rechts ab ~ Sie befinden sich in der **Lehárova** ~ rechts halten ~ anschließend links abbiegen in die **Dunajské nábrežie** ~ geradeaus weiter in die **Elektrárenská cesta** ~ dem Linksbogen der Straße folgen und gerade vor zur Hauptstraße ~ linker Hand befindet sich eine Gastwirtschaft ~ hier rechts über die Brücke **2** ~ gleich nach der Brücke, noch vor der Tankstelle, im spitzen Winkel nach rechts auf den Damm ~ der Weg führt in einem langen Linksbogen zur Donau hin ~ auf diesem Dammweg direkt an der Fundstätte Kelemantia vorbei.

Iža (SK)

Kelemantia. Eine bedeutende archäologische Fundstätte liegt direkt an der Hauptroute. Es wurden hier Überreste eines römischen Militärlagers aus dem 2.-4. Jh. entdeckt. Auf einer Fläche von 175x175 m standen hier 20 Türme und vier Tore.

Komárno, Alte und Neue Festung

Von Iža nach Moča 12,9 km

3 Für die Hauptroute fahren Sie stets am Damm entlang

VARIANTE Patince Kupele ist aufgrund der beiden Thermalwasser-Seen ein beliebtes Feriendorf. Ein Abstecher lohnt sich!

Variante zu den Thermalwasserseen in Patince Kupele 0,8 km

Fahren Sie nach etwa 4,5 km links vom Damm ab ~ an der Hauptstraße ebenfalls links ~ bei der nächsten Möglichkeit rechts nach Patince Kupele.

Patince (SK)

Vorwahl: 035

Thermalbad, Patince-kúpele 147, ✆ 7731444, @lio156

Der Dammradweg führt Sie weiter nach Žitava ~ den Dammradweg verlassen und nach rechts zur Hauptstraße **63** fahren **4**.

Žitava (SK)

Radeln Sie auf der mäßig stark befahrenen Hauptstraße geradeaus bis **Radvaň nad Dunajom**, einem sehr schmucken Städtchen.

Radvaň nad Dunajom (SK)

Entlang der Hauptstraße geht es weiter nach Moča.

VARIANTE Sie können die Ortsmitte von Moča südlich auf dem Damm umfahren. Nach der Ortschaft stoßen Sie wieder auf die Hauptroute.

Moča

Von Moča nach Esztergom 32,2 km

5 300 m nach dem Ortsbeginn von Moča die Hauptstraße verlassen und rechts abbiegen ~ den Ortsstraßenverlauf folgend weiter ~ rechts halten ~ Sie stoßen nun zum Damm, auf dem Sie weiterradeln ~ Sie erreichen den Ort Kravany nad Dunajom.

Kravany nad Dunajom (SK)

Sie fahren auf der Straße neben dem Damm weiter ~ am Ortsbeginn auf den asphaltierten Dammweg ~ Sie fahren nun am Damm immer geradeaus weiter ~ an einem wasserwirtschaftlichen Gebäude ist der Weg kurz unterbrochen ~ Sie stoßen kurz vor Čenkov wieder auf die Hauptstraße **63** ~ dem Straßenverlauf folgen und in den Ort hinein.

Čenkov (SK)

VARIANTE **6** Hier können Sie sich zwischen der Hauptroute am Damm entlang und durch den Ort Obid, oder der Variante auf der Hauptstraße 63 und durch Mužla entscheiden. Da der Dammweg aus tiefem Schotter besteht und sehr schlecht befahrbar ist, empfehlen wir, die Variante zu wählen.

Variante über Mužla 12 km

Wenn Sie sich für die Variante entscheiden, dann radeln Sie immer auf der mäßig stark befahrenen Hauptstraße **63** geradeaus ~ nach rund 6,5 km erreichen Sie den Ort Mužla.

Mužla (SK)

Im Ort an der Kreuzung rechts Richtung Štúrovo abbiegen ~ nach rund 5,5 km treffen

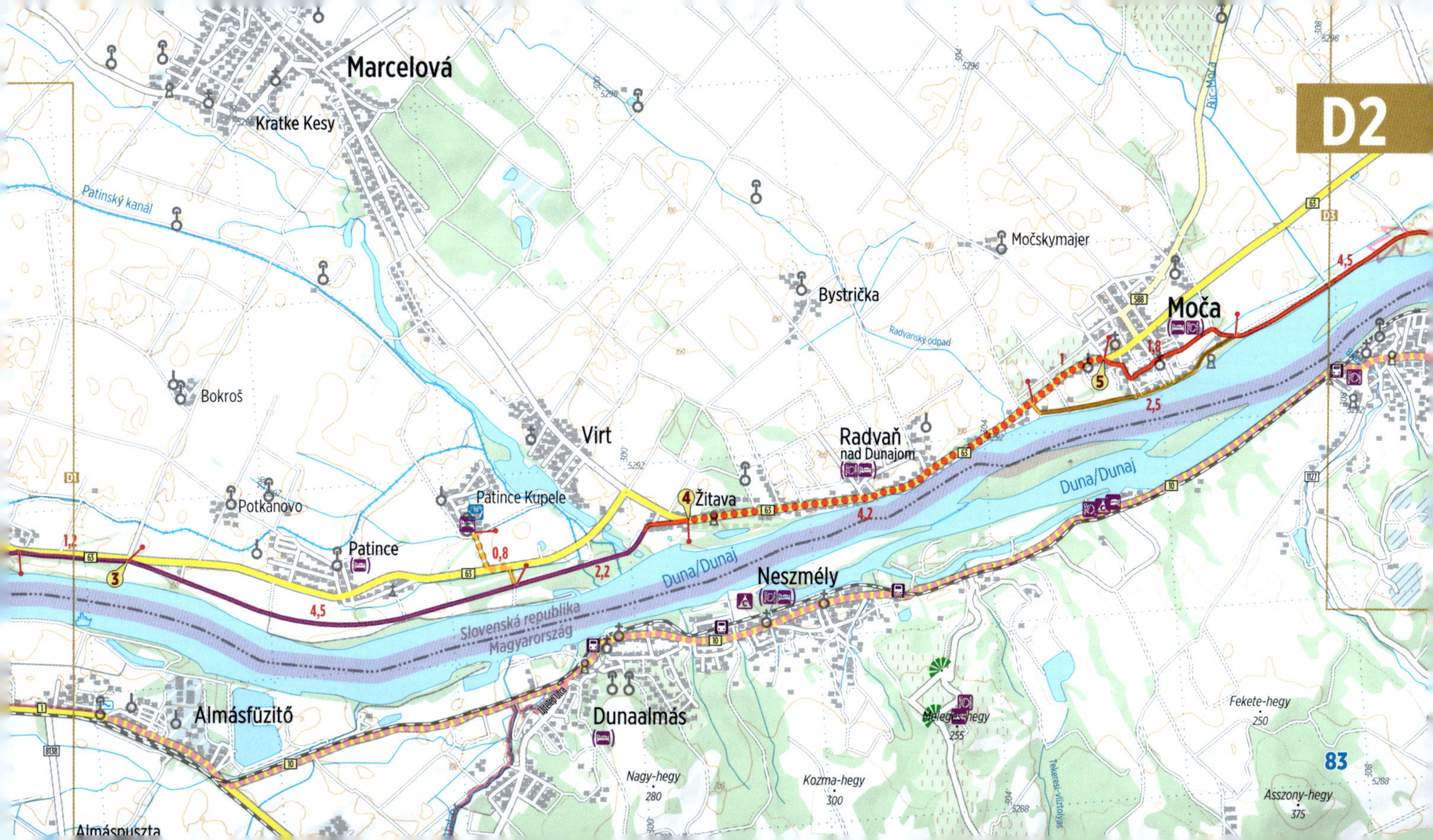

D2
Marcelová
Kratke Kesy
Patinský kanál
Močskymajer
Bystrička
Moča
Radvanský odpad
Bokroš
Virt
Radvaň
nad Dunajom
Žitava
Potkanovo
Patince Kupele
Patince
Duna/Dunaj
Neszmély
Slovenská republika
Magyarország
Almásfüzitő
Dunaalmás
Fekete-hegy
250
Meleges-hegy
255
Nagy-hegy
280
Kozma-hegy
300
Asszony-hegy
375
Almáspuszta
Bic-Moča
Újtelep utca
Tekeresi-vízfolyás
4,5
1,8
2,5
4,2
1,2
0,8
2,2

Sie beim Bahnhof in Štúrovo wieder auf die Hauptroute.

Für die Hauptroute biegen Sie bei Čenkov nach einem Rastplatz auf der linken Seite rechts ab, ⚠ die Abzweigung ist leicht zu übersehen ⁓ auf den Dammweg, der anfangs noch parallel zur Hauptstraße 63 führt ⁓ so lange auf dem Weg bleiben, bis Sie linker Hand unterhalb des Dammes ein wasserwirtschaftliches Gebäude sehen ⁓ **7** hier links vom Damm hinunter ⁓ auf einem asphaltierten Feldweg geradeaus ⁓ rechts halten und über den Kanal ⁓ an der T-Kreuzung links und in den Ort Obid hinein.

Obid (SK)

Bei der Kirche rechts abbiegen und dem Straßenverlauf folgen ⁓ **8** rechts in eine kleine Straße einbiegen ⁓ an der T-Kreuzung links ⁓ entlang der asphaltierten Straße bis zu den Eisenbahnschienen ⁓ danach weiter entlang des Betonplattenweges, ⚠ dabei die Bodenwelle überwinden ⁓ rechts abbiegen und entlang der Straße **Janka Kráľa** fahren ⁓ danach links und gleich wieder rechts ⁓ entlang der Hauptstraße **63** führt ein straßenbegleitender Weg weiter ⁓ bei der großen Kreuzung rechts abbiegen ⁓ nun fahren Sie etliche Kilometer entlang des Betonplattenweges, der parallel zur Straße 63 verläuft, nach Štúrovo.

TIPP: Nehmen Sie sich in Štúrovo etwas Zeit und genießen Sie den traumhaften Blick auf die Basilika von Esztergom.

Štúrovo (SK)

Vorwahl: 036

- **TIK Štúrovo**, Hlavná 8, ✆ 7524009, @aha154
- **Mestské múzeum (Stadtmuseum)**, Pri colnici 2, ✆ 7524002 Die Ausstellungen zeigen, wie sich Štúrovo kulturell und wirtschaftlich entwickelt hat. @uoq364
- **Thermal Resort Vadas**, Pri Vadaši 2, ✆ 7560111, @pik161

Diese Stadt verdankt ihren Namen einer sehr interessanten Persönlichkeit: Ľudovít Štúr ist Begründer der auf dem mittelslowakischen Dialekt beruhenden slowakischen Schriftsprache. Weiters war er Politiker, Schriftsteller, Lehrer und Revolutionär. Er verstarb 1856 in Modra (nördlich von Bratislava).

Beim Kreisverkehr im Ort nehmen Sie die zweite Ausfahrt ⁓ entlang der Straße **Svätého Štefana** rund 1 km geradeaus radeln (Radfahrer dürfen hier gegen die Einbahn radeln) ⁓ **9** an der Kreuzung rechts in die Straße **Jozefa Bema** ⁓ an der T-Kreuzung rechts und nach wenigen Metern links auf die Brücke über die Donau ⁓ auf der ungarischen Seite auf der Rampe nach links abwärts radeln ⁓ rechts abbiegen und vor dem Hotel Esztergom mittels einer kleinen Brücke den Kanal überqueren.

INS ZENTRUM: Geradeaus gelangen Sie ins Zentrum von Esztergom und zur Basilika.

Esztergom

Vorwahl: 033

- **Manhart Passnave**, Nagy Duna stny., ✆ 01/4844013. Donau-Schifffahrt nach Budapest mit Ausflugsschiff oder Tragflügelboot von April-Sept. Fahrräder werden je nach Platzangebot und gegen Voranmeldung transportiert. Für Gruppen ist eine Reservierung notwendig. @qvj412
- **Bálint Balassa Múzeum (Ortsgeschichtliches Museum)**, Mindszenty hercegprímás tere 5, ✆ 500175 Überblick über die 1.000-jährige Geschichte der Stadt. @ovo645
- **Domschatzkammer**, Szent István tér, ✆ 402354 Hier findet man die reichste Sammlung kirchlicher Kunstwerke in Ungarn mit byzantinischen, ungarischen und italienischen liturgischen Requisita. @gtn626
- **Duna Múzeum (Donaumuseum)**, Kölcsey utca 2, ✆ 500250 Das Museum bietet einen historischen und wasserwirtschaftlichen Überblick über die Gewässer in Ungarn und gibt Einblicke in die Wasserversorgung, Hochwasserschutz u. v. m. @dkw427
- **Keresztény Múzeum (Christiliches Museum)**, Mindszenty tér 2, ✆ 413880 Das Museum ist im ehemaligen Erzbischöflichen

D3
Búč
Pereš
Jurský Chlm
Mužla
Obidský kanál
Obid
Čenkov
Kravany
nad Dunajom
Odpad Kravany-Maraska
Nyergesújfalu
Duna/Dunaj
Slovenská republika
Magyarország
Süttő
Lábatlan
Eternitgyár
Búzás-hegy
225
Búzás-hegy
200
Tát
Mogyorósbánya
Rabl-patak
6,5
5,5
3,6
2,4
0,6
5,5
4,5
6
7
8
63
10
509
1125
1126
D2
D4
85

Esztergom, Basilika

Palast untergebracht und beherbergt Gemälde, Skulpturen, Gobelins, Stickereien und Porzellan bedeutender ungarischer, aber auch deutscher, österreichischer und italienischer Meister. @ ljd852

Magyar Nemzeti Múzeum Vármúzeuma (Burgmuseum), Szent István tér 1, ✆ 500095 Thema: Geschichte der Esztergomer Burg. @ ipr543

Basilika, Szent István tér 1, ✆ 402354 Die ursprüngliche, von König Stephan gestiftete Adalbert-Kathedrale wurde während der Türkenkriege schwer beschädigt. 1822 begann man mit einem Neubau, der – gemäß der Bedeutung des Erzbistums Gran – das größte Gotteshaus Ungarns werden sollte. Franz Liszt schrieb für die Einweihung 1856 die „Graner Messe". Der Hochaltar aus Carrara-Marmor ist ein Werk von Pietro Bonani. @ abh353

Königspalast, Szent István tér. Von dem eigentlichen Palast König Belas III. (1172-96) ist ein Lapidarium erhalten geblieben. Die Palastkapelle mit ihrer Fensterrose gehört zu den schönsten romanischen Denkmälern Ungarns. Im Obergeschoss sind Renaissanceräume von János Vitéz, Humanist und Erzbischof, zu besichtigen.

Primas Keller, Szent István tér 4, befindet sich unter der Basilika von Esztergom, ✆ 541965. Interessierte Weinliebhaber kommen hier ganz auf ihre Kosten. @ nyt223

Víziváros (Wasserstadt), unterhalb des Burgberges und entlang der Kleinen Donau. Von den zahlreichen wertvollen Bauten der alten Innenstadt seien die Wasserstädtische Pfarrkirche aus dem 18. Jh. (Pázmány Péter út), die Innerstädtische Kirche (Pór Antal tér), eine der schönsten Barockbauten der Stadt (1757-62), und

Innenraum der Basilika

die Griechisch-orthodoxe Kirche (Kossuth Lajos u. 60), ebenfalls aus dem 18. Jh., erwähnt.

- **Städt. Strand- u. Thermalbad**, Bajcsy-Zsilinszky u. 14., ✆ 312249
- **Aquasziget**, Táncsics Mihály u. 5. , ✆ 030/6123131 Großes Thermalbad für Groß und Klein mit Wasserrutschen und Wellnessbereich. @ jxb368

Der ungarische Schriftsteller Mihály Babits nannte es „das Ungarische Rom". Andere, wie etwa die Kommunisten, sehen in Esztergom „Die Stadt der schwarzen Reaktion". Beide Behauptungen haben ihren Grund darin, dass Esztergom, zu deutsch Gran, nach wie vor seine Bedeutung als „katholische Hochburg Ungarns" nicht eingebüßt hat. Bis heute ist der Erzbischof von Esztergom, dessen Sitz sich seit dem 11. Jh. hier auf dem Burgberg befindet, der Primas der ungarischen Kirche.

Ausgrabungen lieferten den Beweis, dass die erste Besiedelung des Burgberges und seiner Umgebung schon in der Steinzeit stattgefunden hatte. Die Römer bauten den Burgberg zu einer Befestigungsanlage zum Schutz ihrer Grenzen aus. Unterhalb, in der heutigen Wasserstadt, lag die zivile Siedlung Solva mansio.

Esztergom ist eine der ältesten Städte Ungarns. Es wird sogar im Nibelungenlied erwähnt und dort mit der „Etzelsburg" in Zusammenhang gebracht.

Nach der Landnahme durch die Magyaren im 10. Jh. wurde Esztergom zum Zentrum des ungarischen Staates. Hier wurde um das Jahr 1000 der erste ungarische König, Stephan der Heilige, gekrönt. Zur Zeit der Herrschaft des Königs Béla IV. erlebte Esztergom eine erste Blütezeit. Er ließ seinen Palast von berühmten ausländischen Baumeistern errichten, und auch die Burgkapelle mit dem schönen Rosenfenster, die eines der vielen katholischen Wahrzeichen der Stadt darstellt, stammt aus seiner Zeit. Nach dem Mongoleneinfall verlegte allerdings König Bela VI. im Jahr 1249 die Residenz von Esztergom nach Buda. Der Erzbischof von Esztergom und gleichzeitige Primas von Ungarn zog in den verwaisten Palast ein. Die geistlichen Oberhirten bemühten sich in der Folge immer wieder, den Königshof in Buda an Prunkentfaltung noch zu übertreffen. Vor allem zur Zeit des János Vitéz, des hochgebildeten Erzbischofs der Renaissance, erlebte die Stadt erneut eine Blüte. Sein Hof wurde zum Zentrum humanistischer Kultur. Im 13. Jh. wurde Esztergom von den Tataren besetzt und im 16. Jh. von den Türken, die dann 140 Jahre lang blieben. Nach ihrer Vertreibung fand man eine Ruinenstadt mit nicht mehr als 400 der ursprünglichen Bewohner vor. Erst mit dem Bau der Basilika, nachdem man den Sitz des Erzbistums wieder hierher zurückverlegt hatte, erlebte die Stadt wieder einen langsamen Aufschwung.

Die Basilika ist das herausragendste Bauwerk der Stadt. Sie ist die größte Kirche Ungarns und in ihrer ganzen Pracht von allen Stellen der Stadt gut sichtbar. Die Bauarbeiten dauerten von 1822 bis 1869. Sie wurde jedoch schon 13 Jahre vor der Fertigstellung eingeweiht. Franz Liszt komponierte dafür die berühmte Graner Messe.

Im Zweiten Weltkrieg wurde die Kirche schwer beschädigt. Wenn man die Basilika betritt, findet man auf der linken Seite die Bakóczkapelle, ein kostbares Beispiel toskanischer Renaissance-Baukunst. Deren ursprünglicher Standort war Süttö. Da man zur Zeit des Kathedralenbaus ihren großen Wert schon erkannte, wurde sie dort in 1.600 nummerierte Einzelteile zerlegt, hierher gebracht und wieder zusammengesetzt. In der Krypta der Basilika befindet sich außerdem die Gruft des früheren ungarischen Kardinals Mindszenty.

Im Chor ist das mit 13 mal 6,5 Metern wohl größte auf Leinwand gemalte Altarbild der Welt zu sehen. Der Italiener Grigoletti hat es nach dem in der Frari-Kirche in Venedig befindlichen Tizian-Bild „Mariae Himmelfahrt" gemalt. Im Sommer ist es auch möglich, die Kuppel der Basilika zu besteigen und die fantastische Aussicht zu genießen. Die Basilika beherbergt die größte Sammlung kirchlicher Kunstschätze in Ungarn, die Diözesanbibliothek zählt zu den bedeutendsten des Landes. Sie besitzt 200.000 Bände, einige davon schon 800 Jahre alt. Die Bibliothek kann leider aus sicherheitstechnischen Gründen nicht besichtigt werden. Die Sehenswürdigkeiten im Burgmuseum stammen hauptsächlich von den Ausgrabungen des Königspalastes in den dreißiger Jahren des 20. Jhs. Ein weiteres markantes Bauwerk ist die 1895 eröffnete Maria-Valeria-Brücke über die Donau. Im Zweiten Weltkrieg ist sie gesprengt worden, 2001 wurde sie wieder aufgebaut und dient nun als Grenzübergang nach Štúrovo in der Slowakei. Auf der Esztergomer Seite weist der erhaltene Brückenkopf ein eigenartiges Monument auf. Auf einem 1991 errichteten Metallpfeiler ist der lapidare Satz zu lesen: „Die Brücke verbindet".

Von Komárom nach Esztergom (H) 53,1 km

Die Strecke führt immer in Flussnähe durch das flache Donautal, durch verschiedene Ortschaften und an zahlreichen Industrieflächen vorbei. Von der Seite grüßen immer wieder die Weinberge des Hinterlandes. Eine Alternativstrecke durch das hügelige Hinterland führt Sie in das altehrwürdige Tata am Fuße des Gerecse-Gebirges. Schließlich erreichen Sie das „Ungarische Rom“, wie Esztergom auch genannt wird.

Zwischen Komárom und Esztergom wurden in den vergangenen Jahren größtenteils neue Radwege angelegt, die fast immer neben der Bundesstraße und somit in Donaunähe verlaufen. Nur manchmal müssen Sie auf die verkehrsreiche Straße ausweichen, Steigungen gibt es nur auf der Variante über Tata.

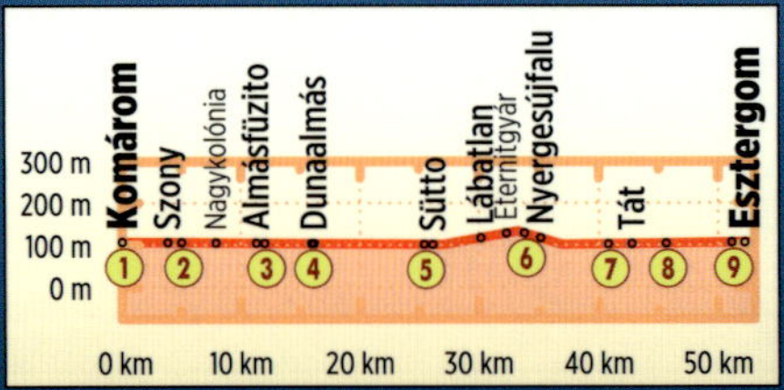

Komárom s. S. 78

Von Komárom nach Lábatlan *29,7 km*

1 Komárom auf der Bundesstraße **1** verlassen ~ bis zur Eisenbahn existiert links der Straße ein Radweg ~ die Schienen der Eisenbahn überqueren und weiter entlang des Radstreifens ~ das Örtchen Zsőny durchqueren.

Szőny (Komárom)

2 Kurz nach dem Bahnhof beginnt ein Radweg auf der linken Seite der Straße ~ diesem weiterhin folgen ~ linker Hand befindet sich **Nagykolónia** ~ der Radweg endet und Sie fahren wieder auf der Bundesstraße **1** bis Almásfüzitő.

Almásfüzitő

3 Sie folgen der Radwegbeschilderung nach links ~ weiter geht es entlang der Bundesstraße **10** bis nach Dunaalmás **4**.

Dunaalmás

VARIANTE Hier haben Sie die Gelegenheit die Stadt Tata am Fuße des Gerecse-Gebirges zu besuchen. Dafür folgen Sie einfach dem Verlauf des Baches Által-ér. ⚠ Geben Sie beim Überqueren der Bundesstraße 1 Acht!

Alter See in Tata

Ausflug nach Tata 10,9 km

Die Bundesstraße 10 nach rechts verlassen und erneut nach rechts abbiegen ~ der Straße **Újtelep utca** folgen ~ an der T-Kreuzung rechts abbiegen und links entlang des Radweges über den kleinen Bach **Által-ér**, der Sie vorerst zur B 1 geleitet ~ ⚠ vorsichtig die Bundesstraße überqueren ~ geradeaus zu den Bahngleisen und danach gleich nach links ~ der Landwirtschaftsweg ist hervorragend ausgebaut und führt schnurgerade ins Zentrum von Tata ~ derÁltal-ér Bach dient als gute Orientierungshilfe.

TIPP **Das Tourinform-Büro in Tata bietet verschiedene, teils auch geführte, Fahrradtouren in und um Tata an. Toureninformationen finden Sie auch auf der Website der Infostelle.**

Tata

Vorwahl: 034

- **Tourinform**, Ady Endre u. 9, ✆ 586045, @ vbc414
- **Kuny-Domokos-Museum**, Váralja u. 1-3, ✆ 381251. Zu sehen sind archäologische Funde, Fayencen und Keramik aus Tata und Werke des Malers Ferenc Martyn. @ xat768
- **Német Nemzetiségi Múzeum (Ungarndeutsches Museum)**, Alkotmány u. 1, ✆ 381251 In der Neponucs-Mühle (1758) wird die Geschichte der Ungarndeutschen gezeigt. @ gao715
- **Szentkereszt templom (Pfarrkirche Heiligenkreuz)**, Kossuth Lajos tér 15., ✆ 588163. Die zweitürmige spätbarocke Kirche wurde 1751-85 von Anton Pilgram, Jakob Fellner und Josef Großmann erbaut.
- **Öregvár (Alte Burg)**, Váralja u. 3., an der Seeuferpromenade. Das erste gotische Gebäude aus dem 13. Jh. wurde von König Matthias Corvinus (1440-90) im Stil der Renaissance erweitert und im 19. Jh. historisch erneuert.
- **Schloss Esterhazy**, Hösök tere, Seeuferpromenade. Errichtet im Zopfstil von Jakob Fellner, der im Dienst der Fürstenfamilie das Stadtbild mitgeprägt hat. @ bqr532
- **Uhrturm**, Országgyülés tér . Der achteckige Turm aus Holz (1763), ehemaliges Stadtgefängnis, ist ein Werk des Zimmermeisters Josef Eder.
- **Wassermühlen**, Altseeufer (Öregtó). Am Ostufer des Sees steht die barocke Cifra-Mühle (1753), unweit davon die 1760 von Fellner erbaute Miklós-Mühle.
- **Kalvarienberg**, Kálváriadomb. Ölbergszene, Kapelle und Aussichtsturm.
- **Angolpark (Englischer Park)**, Erzsébet királyné tér 10, östlich von Altsee. Naturschutzgebiet und Erholungspark gehen auf einen englischen Garten zurück, der 1782 von der Familie Esterházy gegründet wurde.
- **Fényes Naturweg**, Fényes Fasor, ✆ +3630/5626060, @ vaj381
- **Fényes Bad**, Fényes Fasor, ✆ 588144, @ wjc874

Am Fuße des Gerecse- und Vértesgebirges liegt die alte Stadt Tata. Wegen der vielen Seen, Quellen und Kanäle erfreut sich diese Stadt am Wasser eines sehr bekömmlichen Klimas. Den Mittelpunkt des Städtchens bilden der Alte See (Öreg-tó) und die Burg von Tata. Die Gegend war schon in der Steinzeit besiedelt, wie ein historischer Fund im fünf Kilometer entfernten Vértesszölös beweist. Die warmen Quellen, die es hier gibt, waren seitdem immer ein Anziehungspunkt für die Menschen der Umgebung.

Ab dem 10. Jh. siedelten sich dann die Ungarn um die Seen an. Die erste urkundliche Erwähnung der Stadt stammt aus dem 11. Jh.; hier wurde eine Siedlung und

E2
Moča
Močskymajer
Bystrička
Radvanský odpad
Bokroš
Virt
Radvaň
nad Dunajom
Potkanovo
Patince Kupele
Žitava
Patince
Duna/Dunaj
Neszmély
Slovenská republika
Magyarország
Almásfüzitő
Dunaalmás
Almáspuszta
Nagy-hegy
280
Kozma-hegy
300
Meleges-hegy
255
Fekete-hegy
250
Asszony-hegy
375
Gombás-hegy
315
Dunaszentmiklós
Csucsos-hegy
280
Nagy-Tek
345
Les-hegy
235
Hosszú-Vontató
455
Nyerges-hegy
302
Új-hegy
220
Naszály
Fenyves-p.
Mikovinyi-árok
Tekeresi-vízfolyás
Újtelep utca
4,7
4
0,4
63
10
1
588
1127
8138

Wasserburg Tata

eine Benediktinerabtei erwähnt. Im 14. Jh. existierten bereits zwei Siedlungen mit dem Namen Tata, die durch ein tiefliegendes Sumpfgebiet getrennt waren. Die Burg war Sitz der Feudalherren. Tata war seit 1397 neben Buda und Visegrád der Lieblingsaufenthaltsort der Könige.
Am Ufer des Öreg-tó wurde im 14. Jh. die einzige Wasserburg Ungarns errichtet. Nach dem ersten Türkeneinfall im Jahr 1526 fiel Tata in die Hände der Türken, wurde vom Kaiser zurückerobert, dann aber mehrmals wieder von den Türken eingenommen. Wegen der heftigen und häufigen Kämpfe erlitten sowohl die Burg als auch die Stadt und die vielen Mühlen, die es damals gab, schwere Schäden. Eine andere wichtige Einnahmequelle war zu dieser Zeit übrigens die Fischerei an den zahlreichen, zur Burg gehörenden Teichen. Die Burg wurde schließlich gegen Ende des 17. Jhs. nur mehr unter der Bezeichnung „puszta vár" (verödete Burg) erwähnt.
Die Familie Esterházy, der die Stadt ab 1727 gehörte, wollte die Burg schleifen, um an ihrer Stelle einen Barockpalast errichten zu lassen. Dieses Vorhaben kam jedoch wegen plötzlicher Geldknappheit der Esterházys nicht zustande, und so wurde nur an den bestehenden Teil ein Neubau angeschlossen. Der Habsburger Kaiser Franz I. hielt sich im Herbst 1809, als er vor Napoleon flüchtete, für längere Zeit auf der Burg auf und unterzeichnete hier den „Frieden von Schönbrunn".

Bis 1945 waren die Burg und das gesamte Gelände Privateigentum der Familie Esterházy, 1965 wurden sie Eigentum des ungarischen Museums. Man begann sogleich mit Ausgrabungen und der genauen Erforschung der Burg. Im Bereich des Burggrabens stieß man auf besonders wertvolle Funde, die eine sehr viel konkretere

Rittersaal der Alten Burg

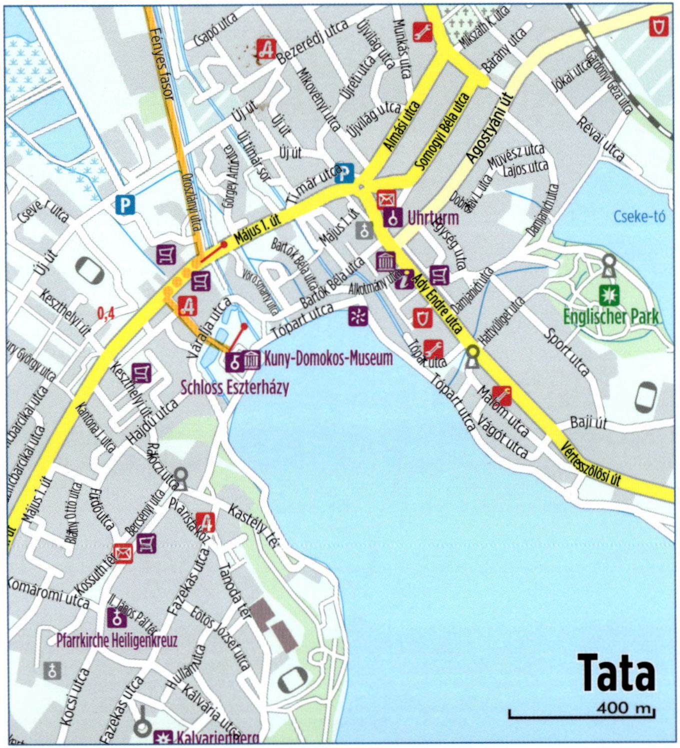

Vorstellung vom mittelalterlichen Leben in dieser Stadt möglich machten. Da der Burggraben im Mittelalter zum Teil als Abfallgrube Verwendung gefunden hatte, konnte man dort Waffen, zerrissene Eisenhemden, Kanonen- und Bartgewehrkugeln, Sporen und eine Menge zerfetzter Stiefel und Schuhe finden.

Heute befindet sich auf der Terrasse vor dem Burgmuseum das Museumscafé, der Eingang dazu befindet sich auf der Rückseite der Burg. Vom Café genießt man eine wunderbare Aussicht auf den Alten See, einen Teil der Stadt und auf das transdanubische Mittelgebirge.

Der türkische Geschichtsschreiber Mustafa Dzselalzade beschrieb Tata so: „In dieser Gegend haben die bösen Giaurs eine mit himmelhohen Mauern umgebene Festung gehabt ..., die von allen Seiten mit wohlschmeckendem Wasser und mit Tulpen und Rosenhainen umgeben war; deren Ecken und Enden alle dem Paradiese ähnlich waren." Vor der Burg führt entlang des Alten Sees mitten durch das Burggelände eine herrliche Promenade, die man auch mit dem Rad befahren kann. Das Kuny-Domokos-Museum erstreckt sich über drei Stockwerke. Im ersten Raum sind die Erzeugnisse der im 18. Jh. gegründeten Fayencemanufaktur untergebracht. Fayencen sind weißglasierte und bemalte Tonwaren. Spezielle Verfahren verhelfen den Farben zu besonderer Leuchtkraft. Der französische Meister der Fayence, Dominique Cuny, erlernte in Tata das Keramikgewerbe und gründete dann in Buda einen Betrieb, der sehr rasch zu einem Großbetrieb wurde. Im oberen Stock des Museums befinden sich diverse Kunstausstellungen. Im Rittersaal im untersten Geschoss kann man sich mit der Geschichte Tatas und seiner Umgebung, von der Urzeit bis ins 19. Jh., vertraut machen.

Das zweite sehr interessante Museum ist das „Ungarndeutsche Museum" in der Neponucs Mühle. Diese Mühle steht unter Denkmalschutz und erinnert an die einst sehr wichtige Rolle der Mühlenindustrie der Stadt. In der Zeit der Türkenkriege wurde die Bevölkerung von Tata sehr

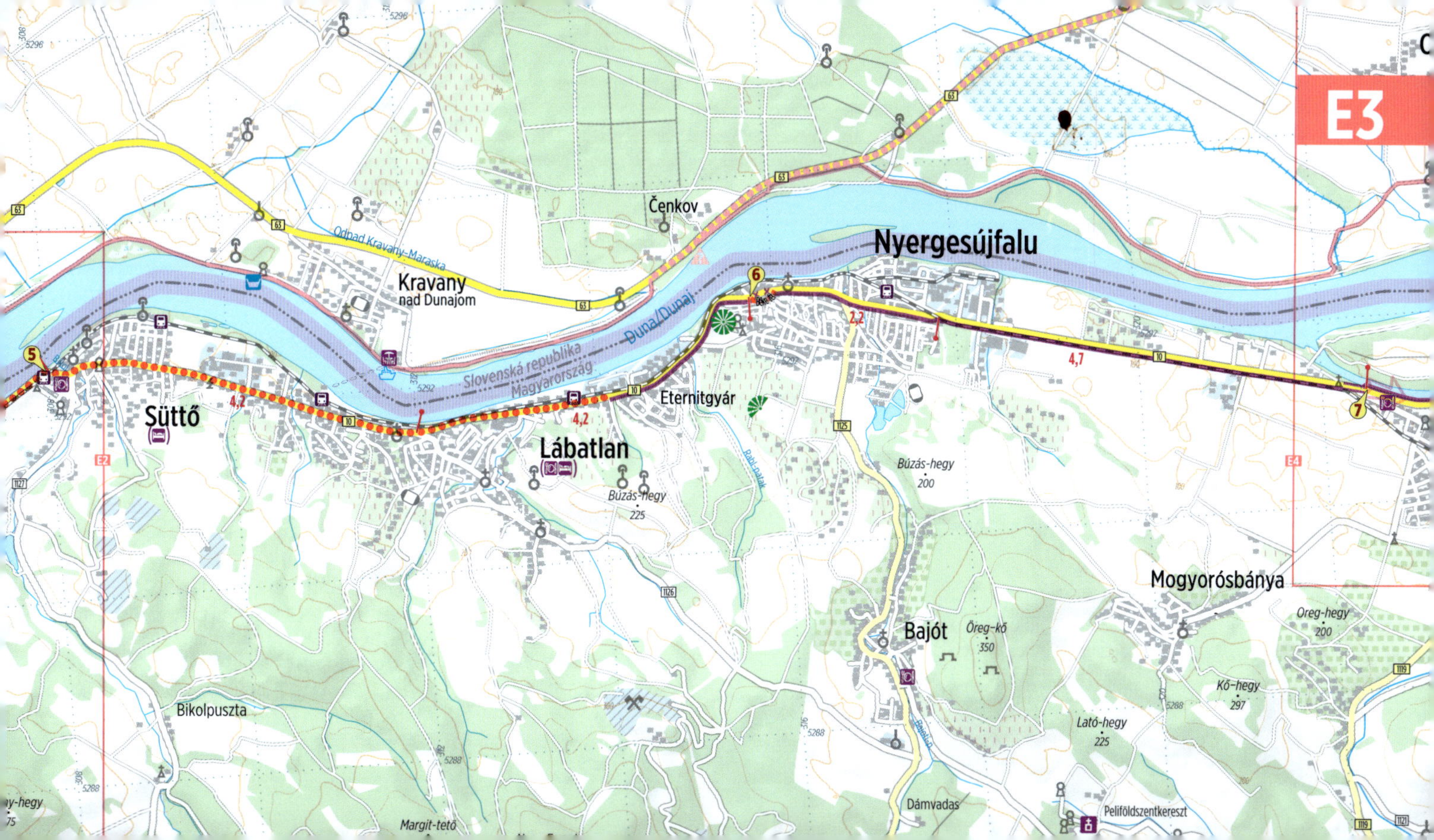
E3
Nyergesújfalu
Kravany
nad Dunajom
Čenkov
Odpad Kravany-Maraska
Duna/Dunaj
Slovenská republika
Magyarország
Süttő
Lábatlan
Eternitgyár
Búzás-hegy
225
Búzás-hegy
200
Rabi-patak
Bajót
Öreg-kő
350
Mogyorósbánya
Öreg-hegy
200
Kő-hegy
297
Lató-hegy
225
Bikolpuszta
Margit-tető
Dámvadas
Pelifoldszentkereszt
E2
E4
4,2
4,2
2,2
4,7
5
6
7
63
10
1125
1126
1127
1119
1121
5292
5296
5288

stark dezimiert, unter den Esterházys wurden dann viele Deutsche angesiedelt.

Das Museum beleuchtet die kulturellen Unterschiede zwischen den Deutschen, den Ungarn und den ebenfalls hier lebenden Slowaken. Diese betreffen nicht nur Volkstrachten und Arbeitsgeräte, sondern auch die geistigen Traditionen der verschiedenen Völker.

Am Cseke-tó, dem kleineren See, befindet sich der Volkspark, der als englischer Park mit kleinen Wasserfällen und einem sehr lieblich gestalteten Wegnetz angelegt ist. Hier wurde aus alten römischen Grabsteinen und romanischen Werksteinen der Benediktinerabtei von Vértesszentkereszt die Ruine einer dreischiffigen Kirche nachgebaut.

Von den vielen Wassermühlen sei die barocke „Cifra-Malom" als die älteste erwähnt. Den achteckigen Uhrturm am Landtagsplatz hat der Zimmermeister Josef Eder 1763 gebaut, ohne dazu auch nur ein einziges Stück Eisen zu verwenden.

4 Für die Hauptroute der verkehrsreichen Hauptstraße folgen ~ weiter in den angrenzenden Ort Neszmély.

Neszmély

Den Ort entlang der Hauptstraße verlassen ~ hier werden Sie nun endlich mit einem Blick aufs Wasser belohnt, ein Nebenarm der Donau fließt links von Ihnen, rechts sehen Sie die Hügel des Hinterlandes ~ kurz vor **Süttő** führt die vielbefahrene Straße direkt an der mächtigen Donau entlang ~ **5** die Rechtskurve bringt Sie über die Bahngleise und in den nächsten Ort.

Süttő

Der Hauptstraße durch den Ort folgen ~ nach dem Ort passieren Sie ein Umspannwerk und Industrieanlagen ~ schließlich erreichen Sie Lábatlan.

Lábatlan

Von Lábatlan nach Esztergom *23,4 km*

Entlang der Hauptstraße durch den Ort ~ nach dem Friedhof nähert sich die Straße wieder der Donau ~ Sie fahren an Bahnanlagen und einem Industrieareal entlang, das sich fast 3 km lang zwischen Donau und Straße erstreckt.

Auf der rechten Straßenseite beginnt ein Rad- und Fußweg ~ die Straße führt an einem steilen Hügel entlang ~ anschließend erreichen Sie Nyergesújfalu.

Nyergesújfalu

6 Der Rad- und Fußweg endet und Fahrradfahrer müssen rechts in die Nebenstraße einbiegen ~ folgen Sie der Linkskurve der Straße

~ wenn Sie die Hauptstraße wieder erreicht haben, biegen Sie rechts ab und folgen dem Rad- und Fußweg ~ die Eisenbahn überqueren ~ Sie verlassen den Ort und fahren zwischen Straße und Eisenbahn durch die Felder ~ **7** bei den ersten Häusern von **Tát** wechselt der Radweg auf die linke Straßenseite.

Tát

Auf dem Damm an Tát vorbei ~ der Radweg endet an einer Seitenstraße ~ **8** links in diese schmale und stark befahrene Straße Richtung Esztergom einbiegen ~ Sie folgen dieser Straße bis zum Kreisverkehr in Esztergom.
9 Am Kreisverkehr links in die **Àrok utca** ~ Sie stoßen auf eine Brücke, hier rechts abbiegen ~ entlang der Kis-Duna ins Zentrum von **Esztergom** ~ Sie queren die **Lörinc utca** ~ rechter Hand befindet sich nun das Zentrum ~ geradeaus bis zur **Kossuth hid**.

Esztergom s. S. 84

Panorama Esztergom

Von Esztergom nach Budapest

81,9 km

Hinter Esztergom erreichen Sie das Donauknie. Hier bahnt sich der Fluss seinen Weg durch das Visegráder Gebirge mit einem schleifenartigen Verlauf und einer beinahe rechtwinkligen Biegung. Die Donau fließt nun nicht mehr nach Osten sondern nach Süden, geradewegs auf die ungarische Hauptstadt Budapest zu. Doch davor liegen auf einem Felsen am rechten Donauufer in beherrschender Lage der Königspalast und die Burg von Visegrád. Kurz vor dem eigentlichen Ziel, der ungarischen Hauptstadt und Donaumetropole Budapest, laden das Freilichtmuseum und der barocke Stadtkern von Szentendre zum Verweilen ein.

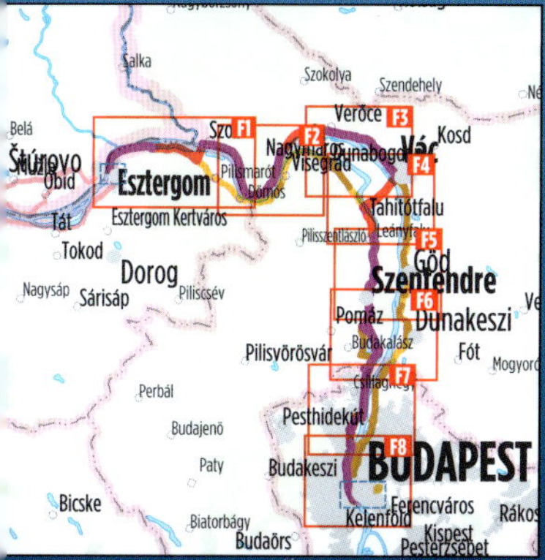

Im Donauknie müssen Sie teilweise auf stärker befahrene Straßen ausweichen, an vielen Stellen wurden aber mittlerweile asphaltierte Radwege angelegt. Überraschend verkehrsarm, entlang kleiner Nebenstraßen und neuer Radwege, gelangen Sie ins Zentrum der Hauptstadt Budapest. Den einzigen unbefestigten Weg in diesem Abschnitt können Sie problemlos umfahren.

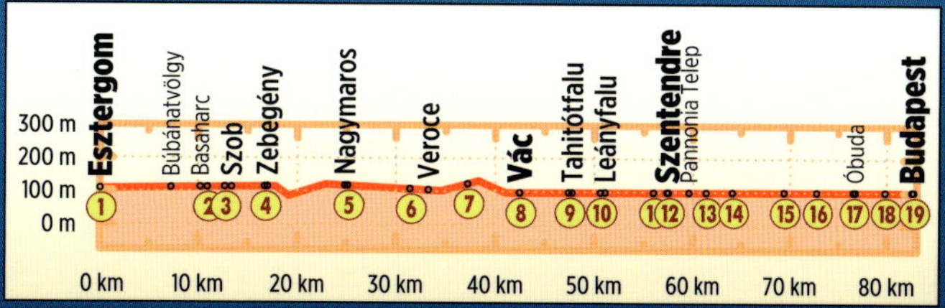

Esztergom s. S. 84

Von Esztergom nach Szob 12,6 km

Für die Weiterfahrt kehren Sie an den Radweg unterhalb der Basilika zurück **1** ~ dieser etwas holprige, aber asphaltierte Radweg führt nun einige Kilometer am Donauufer dahin ~ Sie fahren geradeaus, bis Sie wieder auf die Bundesstraße 11 treffen ~ auf der B 11 im Verkehr weiter.

VARIANTE **2** Sie können auch am rechten Donauufer weiterfahren und der alten Königstadt Visegrád einen Besuch abstatten. Auf dem rechten Ufer müssen Sie allerdings mit mehr Verkehr rechnen, eine durchgehende Radwegbeschilderung gibt es hier nicht.

Variante über Visegrád 24,7 km

Nach rund 2,6 km entlang der Bundesstraße **11** kommen Sie nach Pilismarót.

Pilismarót

TIPP Wenn Sie in Pilismarót bei der Kirche nach links zur Donau abzweigen, kommen Sie zum Strandbad und zum Campingplatz.

Wieder der Bundesstraße folgend, gelangen Sie in die nächste Ortschaft.

Dömös

Vorwahl: 033

- **Heimatmuseum**, Táncsics M. út 2., im Kulturheim, ✆ 507050 Ortsgeschichtliche Ausstellung sowie Ausstellung bildender Kunst.

Weiter auf der **B 11** direkt an der Donau entlang ~ nach 3,5 km beginnt links neben der Fahrbahn auf tieferem Niveau ein Radweg ~ von hier kann man schon die Burg von Visegrád sehen ~ anschließend ein kurzes Stück auf der Bundesstraße ~ kurz vor dem Sportplatz zweigt nach rechts die **Fő út** ab ~ sie führt ins Zentrum von Visegrád und am Königspalast vorbei.

Visegrád

Vorwahl: 026

- **Touristinfo**, Duna-parti út. 1., ✆ 397188, @ mrf733
- **Fähre Visegrád-Nagymaros**, Révkikötő, ✆ 398344, ✆ 030/9218076, @ swg367
- **Mátyás-Király-Múzeum (König Matthias-Museum)**, Fő út 23., ✆ 597010. Archäologische und lokalgeschichtliche Sammlung, @ hdk566
- **Hochburg**, Várhegy, ✆ 398101. Erbaut im 13. Jh. mit mittelalterlicher Folterkammer. Die Zitadelle wurde zum Sitz der ungarischen Könige des 14. Jhs. @ xsi437
- **Königspalast**, Fő utca 23, ✆ 597010. 600 m lange und 300 m breite Anlage auf vier Terrassen, besonders schön sind der Löwenbrunnen aus rotem Marmor und der rekonstruierte Säulenhof mit Herkulesbrunnen. @ vjc744
- **Salamon torony (Salomonturm)**, Salamontorony u. Von der Dachterrasse hat man einen schönen Ausblick auf beide Donauufer. Im Turm befindet sich eine ortsgeschichtliche Ausstellung mit originalen Funden aus dem Jahre 3500 v. Chr. bis zum 17. Jh. @ ajb734
- **Nyári Bob Pólya (Sommerrodelbahn)**, Nagyvillám 1., an der Panoramastraße, ✆ 397397, @ cqk633
- **Ritterspiele in der Unteren Burg**, Salomontorony utca., ✆ 597010. Eine, dem mittelalterlichen Kämpfen entsprechende, Vorführung vom Ritterorden St. Georg. Die Zuschauer werden eingeladen, bei der Vorführung aktiv mitzuwirken. @ rpw727
- **Pilis-Waldpark**, Mátyás király utca 6., ✆ 598000. Beliebtes Ausflugsziel mit Wildgarten und Haustierschau, Waldklubhaus, Rekonstruktion der Hauptburg und Thermalbad. @ gdi826
- **Wald-Thermalbad**, Lepence völgy 2., ✆ 801970, @ kcc282

Visegrád liegt direkt am berühmten „Donauknie", dem engen Durchbruch zwischen dem Visegráder und dem Börszöny-Gebirge.

Seit dem 1. Jh. nach Christus, als Kaiser Trajan begann, an der Grenze Pannoniens, also am rechten Donauufer, die militärischen Anlagen des Limes zu errichten, spielte Visegrád eine wichtige strategische Rolle. Schon die Römer bauten hier Festungen zur Sicherung und Kontrolle dieser Seite der Donau und der Straßen und Wasserwege. Im 4.

F1
Kamenica
nad Hronom
Kováčovo
Burdov
385
Chl'aba
Ipel/Ipoly
Szob
Helemba-sziget
Duna/Dunaj
Slovenská republika
Magyarország
Esztergom
Prímás Pince
Basilika
Stadtmuseum
Donaumuseum
Búbánatvölgy
Sas-hegy
318
Szamár-hegy
305
Basaharc
Kerektó
Vasarc
340
Kozép-hegy
297
Dobogó
387
Vaskapu
405
Kincses-hegy
Visegrádi Hegység
Ó-hegy
366
Pallag-bükk
366
Disznós-hegy
Szekrény-hegy
305
Pilismarót
Dunapart
Zebegény
Malom-hegy
229
Újvölgy
Dobozi-orom
315
Szent Mih
Dömös
103
Heimatmuseum
Kis Duna
Duna/Dunaj
Árok utca
1
2
3
4
6
5
1,6
2,6
3,2
4,5
4,2
F2

Visegrád

Jh. errichteten sie auf dem 180 Meter hohen Sibirik-Hügel ein befestigtes Militärlager, das später zur Gespansburg werden sollte. Die Burg hat einen unregelmäßigen Grundriss und ist mit über einem Meter dicken Mauern und hufeisenförmigen Türmen ausgestattet.

Im 10. Jh. entwickelte sich Visegrád zu einem Gespanschaftszentrum und war, neben Esztergom und Buda, eines der frühesten Zentren königlicher und kirchlicher Macht. Der „Gespan" war in Ungarn der oberste Amtsträger eines Verwaltungsbezirkes und somit Vertreter des Königs, später dann der Regierung. Die Bezeichnung wurde erst 1950 abgeschafft.

Immer wieder mussten die ungarischen Könige Visegrád vor den Einfällen von Völkern aus dem Osten schützen und zu diesem Zweck die Befestigungen ausbauen. So wurde nach dem Tatareneinfall im 13. Jh. die Untere Burg errichtet. Der Sage nach wurde in der Unteren Burg König Salomon gefangen gehalten, als er zum zweiten Mal versuchte, den Thron und die Krone seines Cousins für sich zu sichern.

Im Jahr 1246 begann unter König Béla IV. der Bau der Hochburg, die sich auf dem 350 Meter hohen Berggipfel befindet. Finanziert wurde dieser Bau von Königin Maria, die ihre gesamten Juwelen dafür veräußerte. Die Burg wurde an dieser sicheren Stelle zum Schutz der umliegenden Bürgerhäuser und des Nonnenklosters auf der ehemaligen Haseninsel erbaut. Das Kloster auf der heutigen Margaretheninsel bei Budapest ist nach Prinzessin Margit (Margarethe) benannt, die wegen eines Schwures ihrer Eltern ab dem vierten Lebensjahr dort erzogen wurde.

In der Hochburg wurde lange Zeit die heilige königliche Krone aufbewahrt. Als König Albert von Habsburg nach kurzer Regierungszeit im Jahr 1439 starb, wollte seine schwangere Gemahlin, Königin Erzsébet (Elisabeth), der die Ärzte einen Sohn prophezeiten, diesem den ungarischen Thron sichern und ließ die Krone aus der Burg stehlen. Erst 20 Jahre später wurde die Krone wieder nach Ungarn zurückgebracht.

Man verstärkte dann die Befestigung der Burg noch und baute eine Umfriedungsmauer, die von der Hochburg hinunter über die Untere Burg bis zum Donauufer reicht. Diese Mauer ist heute noch teilweise erhalten. Man kann auf ihr bis zur Unteren Burg hinaufsteigen.

Die Untere Burg blieb nach dem Türkeneinfall dem Verfall überlassen. Im Jahr 1871 wurde mit der Wiederherstellung des Wohnturmes begonnen, um die Burg zum

Löwenbrunnen, Visegrád

königlichen Jagdschloss auszubauen. Die vollständige Rekonstruktion des Wohnturmes erfolgte 1964. Sehr viel Mühe hat man sich dabei jedoch nicht gemacht, die Außenmauer wurde einfach mit Fertigbeton aufgemauert. Heute befindet sich in diesem Turm ein Museum, in dem in regelmäßigen Abständen Sonderausstellungen zu besichtigen sind.

Im Jahr 1323 übersiedelte der königliche Hof von Temesvár (im heutigen Rumänien) nach Visegrád, und dieses wurde kurzfristig zum Sitz des Königs und zum politischen Zentrum des Landes. Anfangs wohnten die Mitglieder des Hofstaats in der Burg, bis am Fuße des Burgberges dann der Königspalast errichtet wurde. Auf vier aus dem Berg gehauenen Terrassen begann man hier einen Palast zu errichten, der zum prächtigsten der ungarischen Architekturgeschichte werden sollte, ein Bauwerk, das in beeindruckender Weise die Macht und den Reichtum des Königs widerspiegeln sollte. Der Königshof wechselte bald wieder nach Buda. Aber der Palast wurde dann noch als Sommersitz prächtig ausgebaut und erhielt in der Renaissance unter König Matthias Corvinus seine endgültige Gestalt, die die Geschichtsschreiber zu Lobgesängen hinriss. Die Innenhöfe zierten zahlreiche gotische Brunnen, von denen sich nur zwei in unsere Zeit herübergerettet haben, einer davon ist der Löwenbrunnen aus herrlichem rotem Marmor.

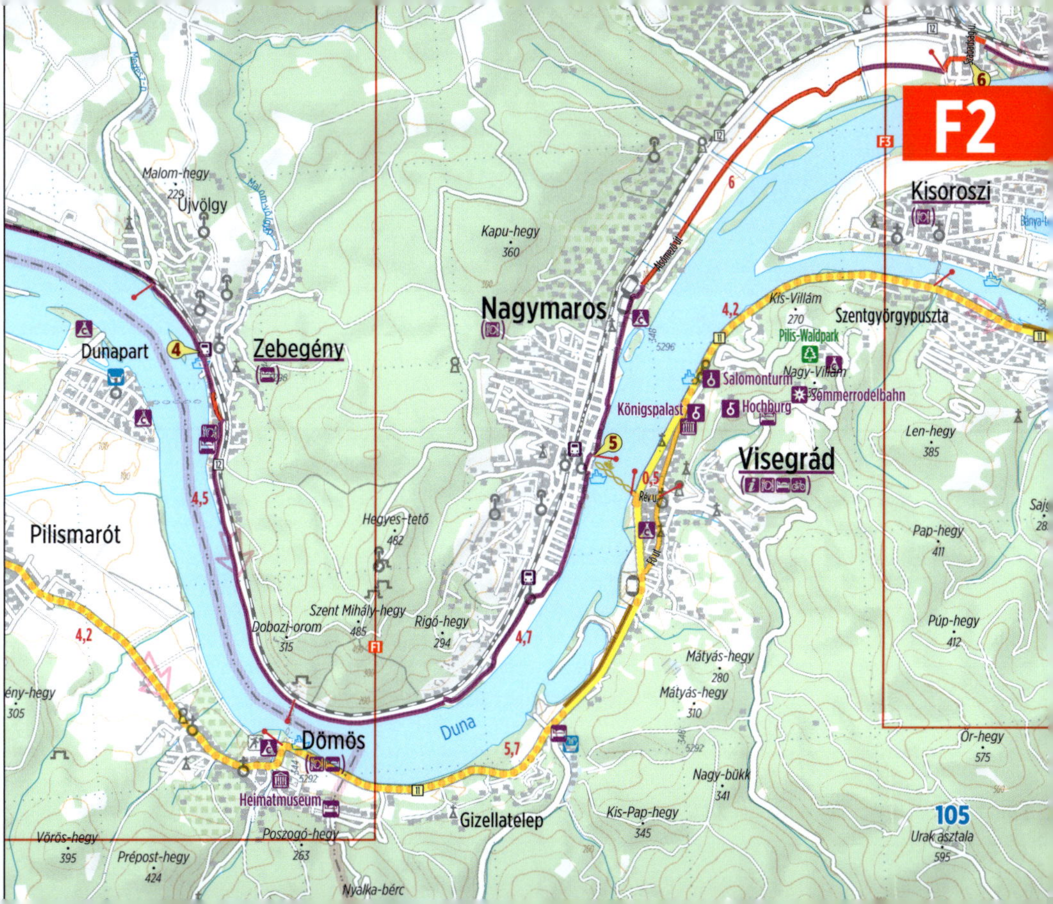

Donauknie

Die begeisterten Beschreibungen waren lange Zeit alles, was auf den Palast hindeutete, erst 1935 gelang es endlich, die Ruinen zu finden.

Nicht nur den ungarischen Königen, auch den Türken gefiel es sehr gut in dieser Gegend, und so richteten sie sich gleich für längere Zeit hier ein. Angeblich gab es im Jahr 1570 keinen einzigen Ungarn mehr in der Stadt, es waren nur mehr Mohammedaner und griechisch-orthodoxe Bosnier da. Erst im Feldzug von 1686 gelang es, nach der Rückeroberung von Buda auch Visegrád zu befreien. Nach dem Abzug der Türken musste das verlassene Gebiet wieder besiedelt werden. Die neuen Bewohner waren in der Mehrzahl Deutsche, zu geringeren Teilen auch Ungarn und Slawen.

Wer die zahlreichen Sehenswürdigkeiten von Visegrád besichtigen will, der wird einige Anstrengung auf sich nehmen müssen. Zur Unteren Burg (Salomonturm) kann man zu Fuß über die schon beschriebene Befestigungsmauer hinaufsteigen oder die Strecke mit dem Rad über die Panorama-Autostraße bewältigen. Diese erste Etappe ist noch nicht so anstrengend.

Für die zweite Etappe, den fünf Kilometer langen Anstieg zur Hochburg, werden Sie die letzten Kräfte aufbieten müssen. Als Belohnung für Ihre Anstrengung erwartet Sie ein herrlicher Ausblick. Die Sicht reicht bis weit über die Donau hinaus, das Donauknie liegt Ihnen zu Füßen. Wer sich für die Bergtour per Rad entschlossen hat, der wird am „Nagy-Villám“ (Großer Blitz) am Hotel und an einer Sommerrodelbahn vorbeikommen.

Die **Fö út** weiterfahren ~ Sie stoßen wieder auf die **B 11** ~ auf diese rechts auffahren ~ die Straße folgt bis Dunabogdány einem Seitenarm der Donau und fährt im Bogen an einem steilen Hügel entlang.

Dunabogdány

Ein Verkehrsschild weist Radfahrer nach links, wo ein breiter Radweg immer am Ufer entlang bis fast zum Ortsende führt ~ rechts auf die schmale Straße auffahren ~ an der Hauptstraße links ~ auf dem Radweg Dunabogdány verlassen ~ am Ende des Radweges weiter auf der Bundesstraße nach Tahitótfalu, wo Sie wieder auf die Hauptroute treffen.

Tahitótfalu

Von Szob nach Vác — *29,6 km*

2 Auf der Hauptroute links abbiegen ~ weiter zur **Fähre** („rév“) nach Szob und auf die andere Donauseite übersetzen.

Szob

Vorwahl: 020

Fähre Pillismarót-Szob, Rév utca 12., ✆ 370201, @ oyn624

3 An der Anlegestelle der Fähre in Szob sofort nach rechts auf den breiten Rad- und Fußweg entlang der Donau ~ zwischen Donau und Eisenbahnlinie in das Villenstädtchen **Zebegény**.

Zebegény

4 Am Bahnhof vorüber ~ auf dem Radweg weiter nach **Nagymaros**.

Das Donauknie

Das Donauknie ist neben dem Balaton sicherlich eine der reizvollsten Landschaften Ungarns. Über einen 20 Kilometer langen Abschnitt zwängt sich die Donau zwischen steilen Berghängen hindurch, die zum Teil aus vulkanischem Gestein und zum Teil aus dem nachgiebigen Kalkstein bestehen. Schon vor Urzeiten hat sie sich auf ihrem Weg zum Schwarzen Meer diese tiefe Schlucht gegraben. Die dunklen Berghänge und seltsam geformte Felsen bieten ein romantisches Bild.

Der Fluss bahnt sich so in einem riesigen Bogen seinen Weg durch das ungarische Bergland und fließt dann nach Süden weiter, wo sich die Donau in zwei Arme teilt und so die Insel Szentendre (Sankt Andrä-Insel) umschließt. Der Hauptarm, auch Vacer-Arm genannt, wird von der internationalen Schifffahrt benutzt, der schmalere Szentendre-Arm führt nur ein Drittel der Wassermenge mit sich.

Am rechten Ufer ragen die Visegrader Berge und das Pilis-Gebirge in den Himmel, am linken Ufer erstrecken sich die Ausläufer des Börzsöny-Gebirges. Die Berge sind mit schattigen Laubwäldern bedeckt, deren volle Buchenkronen an heißen Sommertagen die brennende Sonne fernhalten. Die blaugrauen Stämme tauchen die Wege in einen milden Schimmer. Hin und wieder ist das Glucksen einer Quelle zu hören. Schmale Wanderwege

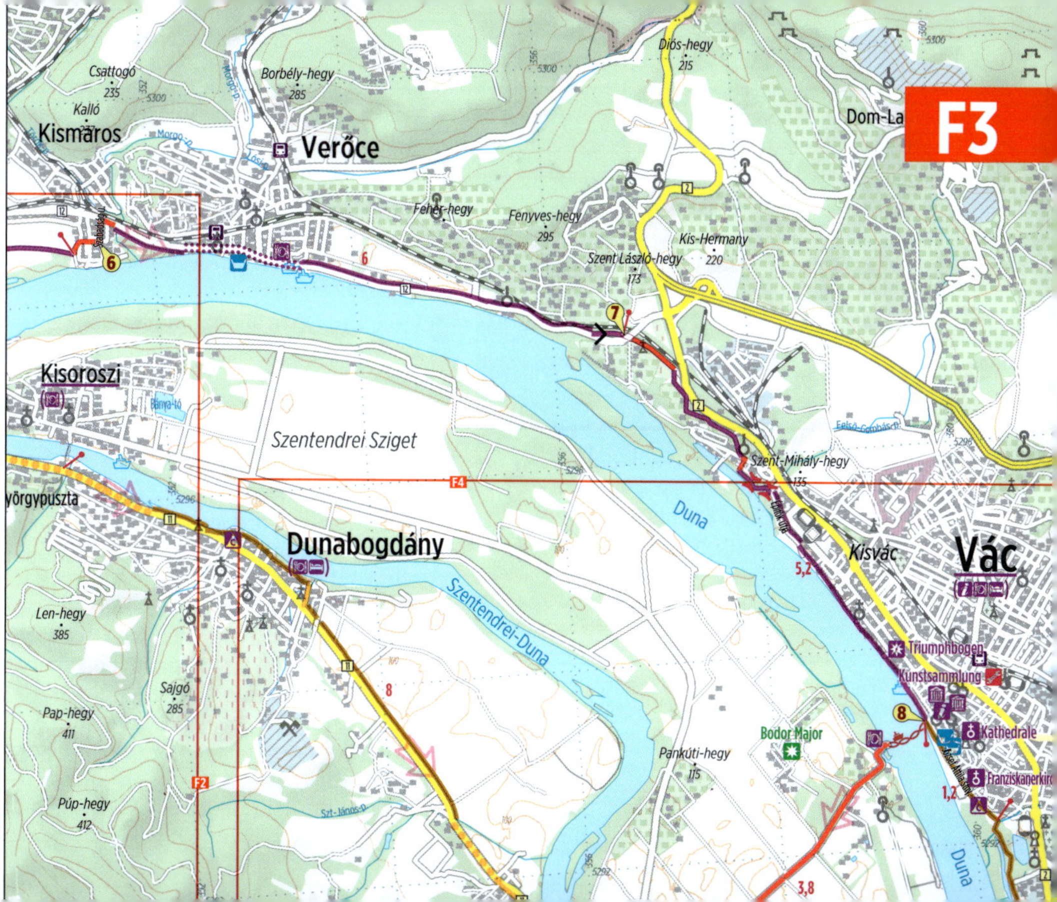

Vác, Kathedrale

durchziehen das Gelände, es gibt Rastplätze und Feuerstellen. Wie das gesamte ungarische Bergland vermittelt diese Landschaft einen völlig anderen Eindruck, als man ihn vom Ungarn der weiten Pusztaebenen gewohnt ist. In diesem Teil Ungarns befinden sich auch die meisten historischen Baudenkmäler, denn das Donauknie ist gewissermaßen die Wiege des magyarischen Staates und ein Spiegel seiner Geschichte und Kultur.

Im ersten vorchristlichen Jahrhundert siedelten sich die illyrisch-keltischen Ewarisker hier an, auf die der lateinische Name der Stadt Szentendre (Ulcisia castra, vom keltischen „Ulk") verweist.

Die Römer waren aber die ersten, die das Gebiet nachhaltig prägten. Ihr Einfluss veränderte das Leben des ansässigen Volkes und gab der Donau eine neue Bedeutung. Vorher war der Strom nur für die an seinen Ufern lebenden Volksstämme wichtig gewesen. Im Römischen Reich wurde er zur Grenzlinie, zum Limes, den es gegen die Anstürme der Barbaren zu befestigen galt.

ANSCHLUSS **5** Hier kann man auf die andere Donauseite wechseln, es gibt eine Fähre direkt nach Visegrád.

Nagymaros

Vorwahl: 027

Fähre Nagymaros-Visegrád, Révkikötő, ✆ 398344, ✆ 030/9218076, @hdy128

Der Radweg geleitet an der Donau entlang aus dem Ort hinaus ~ zwischen Bundesstraße und Donau auf einem Betonplattenweg durch die Felder ~ auf die Brücke auffahren und anschließend auf dem Dammweg entlang ~ in einer Linkskurve in den Ort **Kismaros** ~ geradeaus in die Anliegerstraße, wo der Radweg schließlich endet ~ **6** an der nächsten Kreuzung links in die **Szabadság utca** ~ zur Bundesstraße und dort rechts auf den Fußweg, der kurz darauf zu einem Radweg wird ~ der Radweg endet und Sie müssen im Verkehr durch **Veröce** fahren.

Verőce

Am Ortsende beginnt der Radweg auf der linken Straßenseite ~ **7** es geht unter der Straßenbrücke der **B 12** hindurch ~ rechts der Bahn bleiben ~ kurz vor der Hauptstraße rechts abbiegen ~ dem Radweg folgen ~ an der T-Kreuzung rechts ~ der Linkskurve der Straße folgen ~ einer weiteren kleinen Straße folgen, hier biegen Sie rechts auf den markierten Rad- und Fußweg ein ~ der Weg führt durch einen Einschnitt ~ an der nächsten Straße links halten und gleich danach rechts in den Rad- und Fußweg, der einer Nebenstraße folgt ~ der Weg führt zu einem Gewässer und durch einen kleinen Park ~ an der nächsten Straße die Seite wechseln und rechts abbiegen ~ dem Rad- und Fußweg auf der linken Straßenseite folgen ~ der Weg führt hinunter zur Donau und direkt am Wasser entlang zur **Fähranlegestelle** **8**.

Vác

Vorwahl: 027

Tourinform, Március 15 tér 17, ✆ 316160, @lbt273

Fähre Vác - Tahitótfalu, Váci-rév, 026/386560. Fähre zur Szendendrei Sziget, @ hhh432

Donau-Schifffahrt, 01/4844000. Fahrten nach Budapest oder Esztergom mit dem Tragflügelboot, Fahrräder werden je nach Platzangebot transportiert, für Gruppen ist eine Reservierung notwendig. @ rjc861

Tragor Ignác Múzeum, Március 15. tér 19, 030/5557620 Die Dauerausstellung Ars Memorandi zeigt die „Die Tore zur Vergangenheit", die Geschichte von Vác. Im Rahmen der Ausstellung Memento Mori werden Funde aus der ehem. Kirche der Dominikaner (mumifizierte Leichen und Särge) präsentiert. @ nxe387

Franziskanerkirche, Géza király tér. Der Bau der sehenswerten barocken Kirche begann 1721 und dauerte etwa 30 Jahre.

Kathedrale, Konstantin tér 11 Der Stolz der Stadt wurde 1761-72 von Isidore Canevale errichtet, die Fresken im Chor und in der Kuppel sind ein Werk von Franz Anton Maulbertsch. Die Krypta weist wertvolle Schmiedearbeiten aus der Renaissance und dem Barock auf. @ srx813

Hauptplatz, Március 15. tér

Triumphbogen, Köztársaság út 65. Der von den Stadtbewohnern einfach „Steinernes Tor" (Kökapu) genannte Bogen ist das einzige Bauwerk dieser Art in Ungarn. Er wurde 1764 anlässlich des Besuches Maria Theresias im Stil des klassizistischen Barock errichtet.

Váci Strandfürdő és Uszoda, Ady Endre sétány 16., 315552, @ wmc274

Worauf der Name Vác zurückzuführen ist, darüber gibt es mehrere Theorien: Der Name könnte von einem Eremiten names Vác, der um 1074 in der damals bewaldeten Gegend lebte, stammen. Möglich ist auch, dass sich der Stadtname vom ungarischen Stamm der Vath ableitet oder auch vom Wort Vác, das slawischer Herkunft ist und „wichtige Siedlung" oder „Zentrum" bedeutet.
Das geistliche Zentrum der Diözese richtete König Stephan I. in Vác ein, indem er hier den Bischofssitz der Diözese errichten ließ. Die Stadt ist von barocker Architektur und Kunst geprägt, so findet sich zum Beispiel der einzige barocke Platz Ungarns – der Hauptplatz – in Vác. Ein ebenso bemerkenswerter Bau ist der Triumphbogen am Rande der Oberstadt (Felsövarós), der zum Empfang von Maria Theresia errichtet wurde. Auch eine von Paris inspirierte revolutionäre Architektur findet sich in dieser Donaustadt – der Dom, welcher nach den Entwürfen von Isidore Canevales errichtet wurde.
Alt und neu treffen in Vác aufeinander, denn einerseits wird zwischen den barocken Kunstdenkmälern noch Müßiggang gelebt, andererseits ist Vác eine Schulstadt mit einem kulturellen und wirtschaftlichen Zentrum sowie einem aufstrebenden Tourismus.

Von Vác nach Szentendre 14,9 km

VARIANTE Vor der Weiterfahrt mittels Fähre nach Tahitótfalu bietet sich die Gelegenheit bei der Fähranlegestelle in Vác die Variante über Göd zu nehmen. Diese führt auf dem ausgebauten EV6 Radweg nahe der Donau nach Budapest. Für einzelne Kurzstrecken wechseln Sie vom Radweg auf ruhige Siedlungsstraßen – lediglich in Dunakeszi fahren Sie ein kurzes Stück im Verkehr auf der stark befahrenen Bundesstraße 2.

Variante über Göd 35,8 km

Bei der Fähranlagestelle in Vác auf dem Radweg durch den Deuil-la-Barre Park, dabei folgen Sie den gelben Bodenmarkierungen ~ danach weiter zur **József Attila sétany**, zwischen Straße und Radweg befindet sich eine Baumallee ~ stetig leicht bergab geht's über eine Brücke, mit freier Sicht auf die Donau ~ vorbei an einem Rastplatz ~ linker Hand befindet sich Sződliget.

Sződliget

Weiter am Radweg über eine Brücke ~ für ein kurzes Stück im Siedlungsgebiet von **Kertváros** auf die Straße wechseln ~ danach wieder rechts auf den Radweg.

Göd

Huzella Garten, Jávorka u. 14, ✆ 06/303395671, @ado565

In Göd und **Alsógöd** folgen Sie dem Radweg entlang der Siedlungsstraße ~ im Siedlungsgebiet von **Révdülö** verlassen Sie den Uferradweg und fahren nach links ~ nun der Straße **Liget utca** schnurgerade folgen, es geht leicht bergauf ~ kurz vor dem Erreichen der **Bundesstraße 2** beginnt auf der linken Seite ein straßenbegleitender Rad- und Fußweg ~ an der B 2 angekommen, führt der Radweg geradeaus ins Zentrum von Dunakeszi.

Dunakeszi

Der straßenbegleitende Radweg endet ~ Sie fahren ab sofort entlang des gelbmarkierten Radstreifens auf der B 2 bis zum ersten Kreisverkehr ~ nun geht es rund 2,2 km im Verkehr der B 2 weiter ~ ein straßenbegleitender Radweg auf der linken Seite führt schnurstracks weiter ~ dabei unterqueren Sie die **Autobahn M 0** ~ in **Újpest** wechselt der Radweg auf die rechte Straßenseite ~ nach dem Unterqueren der Bahngleise noch ein kurzes Stück straßenbegleitend ~ danach führt die Route weg von der Straße hin zur Donau.

ANSCHLUSS Bei der Brücke **Árpád hid** ist der Wechsel auf die andere Uferseite und zur Hauptroute möglich.

Nach Unterquerung der Árpád hid Brücke folgen Sie dem Radweg entlang der Straße **Carl Lutz rkp** nahe der Donau.

TIPP Mit der nächsten Brücke haben Sie die **Margit hid** erreicht, über die Sie ans andere Ufer zur Hauptroute zurückkehren. Dazu folgen Sie etwas vor der Brücke dem Radwegverlauf zuerst linksherum über die Straße, danach in einem Rechtsbogen um den kleinen Park zur Brücke über die Donau. Am Ende der Margaretenbrücke wieder dem Radwegverlauf rechtsherum folgen, um am Donauufer die Hauptroute zu erreichen.

8 Für die Hauptroute in Vác mit der Fähre auf die Szentendrei Sziget übersetzen ~ von dort aus auf der Landstraße geradeaus nach **Tótfalu** und Tahitótfalu.

Tahitótfalu

Nach dem Platz mit dem Monument macht die Straße eine scharfe Rechtskurve ~ der anschließenden Linkskurve folgen und über die Brücke ~ **9** an der T-Kreuzung mit der Hauptstraße links Richtung Budapest ~ an

dieser Kreuzung treffen Sie auf die Variante, die am rechten Ufer über Visegrád führt.

Auf der verkehrsreichen Hauptstraße durch Tahitótfalu und bis nach Leányfalu.

Leányfalu

10 Die Radwegbeschilderung führt Sie in eine kleine Nebenstraße ⤳ hier beginnt ein Radweg, der immer in Donaunähe entlangführt ⤳ diesem Radweg mehrere Kilometer folgen ⤳ Sie erreichen eine Anliegerstraße neben einem Kanal ⤳ geradeaus weiter am Eingang zum Campingplatz vorbei ⤳ **11** kurz bevor Sie die Hauptstraße erreichen, beginnt auf der linken Seite ein Radweg ⤳ kurzzeitig dem Radweg links entlang der Hauptstraße folgen ⤳ in der Rechtskurve der Bundesstraße geradeaus in die Straße **Dunakorzó** ⤳ am Ende des Radweges erreichen Sie die historische Innenstadt von Szentendre.

TIPP **Für Interessierte empfiehlt sich ein Besuch des Freilichtmuseums (Skanzen), in dem verschiedene Typen ungarischer Dörfer vollständig und originalgetreu aufgebaut worden sind. Es liegt rund 3 km außerhalb von Szentendre und ist von der Bundesstraße über die Szabadság-Forrás út zu erreichen.**

Skanzen

Der Begriff „Skanzen" (deutsche Schreibweise: „Skansen") bedeutet Freilichtmuseum. Eigentlich ist es ein schwedisches Wort: In Stockholm wurde 1891 das erste derartige Museum errichtet und nach dem Stadtteil benannt, in dem es aufgebaut wurde. Die Bezeichnung wurde dann international übernommen und hat heute in sehr vielen Sprachen Eingang gefunden.

Die Idee von einem ungarischen Freilichtmuseum wurde während der Wiener Weltausstellung im Jahre 1873 geboren, als im Rahmen eines internationalen Dorfes auch ungarische Häuser ausgestellt wurden. Einige Jahre später wurde bei den ungarischen Millenniumsfeierlichkeiten ein ethnographisches Dorf errichtet, das jedoch nach einem halben Jahr wieder abgerissen wurde.

Das 1967 gegründete Freilichtmuseum in Szentendre ist heute eine von fünf derartigen Anlagen, die die bäuerliche Architektur und Wohnkultur Ungarns veranschaulichen und bewahren sollen.

Mit der Verwendung von Originalgebäuden und -gegenständen, die im Rahmen ursprünglicher Siedlungsformen angeordnet wurden, versuchte man, wahrheitsgetreue Nachbildungen zu erstellen. Ein See und ein Bach mit einigen Brücken runden das Bild ab. Insgesamt sind 80 Häuser, drei Kirchen mit traditionellen Kunstgegenständen, etwa 200 Wirtschaftsgebäude sowie einige kleinere Objekte ausgestellt. Die unterschiedliche Art der Bestattung veranschaulichen kleine Friedhöfe.

Die Bauten sind – je nach der Herkunft der einzelnen Gebäudetypen – in zehn dorfähnlichen Siedlungsgruppen aufgebaut worden und spiegeln somit die einzelnen Regionen Ungarns wider. Seit 1972 ist dieses Museum eine eigenständige Institution und wissenschaftliche Forschungsstätte, deren ethnographisches Archiv eine Fülle an Material zur ungarischen Volksarchitektur beinhaltet, wie etwa Planzeichnungen, alte Landkarten und Vermögensinventare.

Der Besuch des Museums ist sehr empfehlenswert. Es sind Ihnen sicherlich auf Ihrem Weg hierher einige solche Bauernhoftypen aufgefallen, wie sie hier versammelt sind. Nun können Sie bei deutschsprachigen Führungen eine ganze Menge mehr über sie erfahren.

Szentendre

Vorwahl: 026

- **Tourinform**, Dumtsa Jenö u. 22, ✆ 317965, @ dkc755
- **Ethnographisches Freilichtmuseum „Skanzen"**, Sztaravodai ú, ✆ 502537 Das Museum skizziert anhand etwa 300 originalgetreuer Bauten das bäuerliche Leben des 18. u. 19. Jhs. @ mhq254
- **Ferenczy-Museum**, Kossuth Lajos u. 5, ✆ 020/7796657 Werke der Künstlerfamilie Ferenczy: Der Vater, Károly Ferenczy, war Ende des 19. Jhs. ein berühmter impressionistischer Maler, Sohn Béni war als Bildhauer und Tochter Noémi für ihre sezessionistischen Gobelins berühmt. @ uif753
- **Lajos-Vajda-Gedenkmuseum**, Hunyadi u. 1, ✆ 020/7796657. Das Lebenswerk des Malers (1908-41) illustriert eindrucksvoll die Hoffnungslosigkeit der ungarischen Zwischenkriegszeit. Zudem sind viele der Bilder auf braunem Packpapier gezeichnet. @ vsd577
- **Margit-Kovács-Sammlung**, Vastagh György u. 1, ✆ 020/7796651 Das barocke Wohnhaus von 1750 ist den Werken der Keramikkünstlerin (1902-77) gewidmet, die zur Künstlerkolonie von Szentendre gehörte. Ihre berühmten Figuren wurden oft biblischen Szenen entnommen. @ atm247

Marzipanmuseum, Dumtsa Jenő u. 12-14, ✆ 311931 Die Kunst aus Marzipan Figuren zu formen ist vielfältig und kann hier bewundert werden. @ hkv217

Szentendre-Galerie, Fő tér 2-5, ✆ 020/7796657 Wechselnde Ausstellungen zeitgenössischer Kunst. @ qeh736

Kirche Maria Himmelfahrt, Alkotmány utca. Heute auch „Belgradkathedrale" genannt, wurde die serbisch-orthodoxe Bischofskirche zwischen 1756 und 1764 errichtet und verfügt über eine geschnitzte Ikonenwand von 1780.

Kirche Mariä Verkündigung, Fő tér. Die serbisch-orthodoxe Kirche wurde 1752 als serbische Blagovestenska-Kirche von Andreas Mayerhoffer erbaut. Zur Inneneinrichtung gehört eine schöne Ikonostase von 1790.

Bei Szentendre

Hauptplatz, Fö tér. Den Platz (Fö tér) säumen sehenswerte barocke sowie im Rokoko- und Zopfstil erbaute Häuser aus dem 18. Jh.

Wie in der Umgebung von Tata stieß man auch in Szentendre bei Ausgrabungen auf steinzeitliche Siedlungsreste, die 20.000 Jahre alt sind. Im ersten nachchristlichen Jahrhundert gründeten die Römer im heutigen Ortsgebiet die Grenzbefestigung Ulcisia castra.

Viel später haben auch hier die Türken die einheimischen Ungarn vertrieben. Nach dem Abzug der Türken haben sich serbische und dalmatinische Einwanderer niedergelassen, die ihre Stadt Sveti Andrej (St. Andreas) nannten. Seit den zwanziger Jahren gibt es in Szentendre eine Künstlerkolonie, deren Mitglieder hier leben, arbeiten und ihr Schaffen in Ausstellungen und Galerien dem Publikum nahebringen. Diese Künstlersiedlung und der heute noch vorherrschende Barockstil verleihen der Stadt eine besondere Atmosphäre.

Der bei Touristen beliebteste Platz ist der Marx tér, der Marktplatz, in dessen Mitte sich eine Pestsäule befindet, die im Jahr 1763 als Danksagung für das Ende der Epidemie errichtet wurde. Hier finden Sie auch die serbisch-orthodoxe Kirche aus dem Jahr 1752. Sie besitzt eine sehr schöne Ikonostase, eine mit Ikonen besetzte dreitürige Holzwand, die Altar- und Gemeinderaum voneinander trennt. Die den Platz umgebenden Häuser im Barock-, Rokoko- und im Zopfstil stammen aus dem 17. und 18. Jh. und sind zumeist von serbischen Kaufleuten errichtet worden. In den Sommermonaten werden auf dem Platz zahlreiche Freilichtaufführungen veranstaltet. Wenn man von hier aus die Vár-Lépcsö, die Burgtreppe, hinaufsteigt, gelangt man zum Templom tér (Kirchenplatz) am Kirchen- oder Burghügel, wo man eine herrliche Aussicht über die Dächer von Szentendre bis hinunter zum Donauufer genießen kann. In den Sommermonaten wird auf diesem Hügel immer ein Markt abgehalten.

Die im 15. Jh. erbaute Kirche ist Johannes dem Täufer geweiht, sie wurde oftmals zerstört und wieder aufgebaut. Bei der Restaurierung nach dem Zweiten Weltkrieg entdeckte man gotische und romanische Reste, auch Fenster und eine Sonnenuhr, die im heutigen Bau eingeschlossen waren. Diese historischen Elemente wurden sorgfältig restauriert und sind heute in ihrer ursprünglichen Form zu sehen. Das Gebäude, in dem sich das serbische Museum für Kirchengeschichte befindet, war früher das Bischofspalais. Nun sind dort Holzschnitzereien, Ikonen und alte Handschriften zu bewundern. Am Stadtrand erzeugen moderne Wohnblöcke einen großstädtischen Eindruck.

Zur Erkundung des historischen Teiles empfehlen wir Ihnen, sich von Ihrem Rad zu trennen, da das Fahren hier wegen der groben Pflastersteine sehr beschwerlich ist. Szentendre hat sich in den letzten Jahren zu einem touristischen Zentrum entwickelt, was auch die große Zahl der Gasthäuser und Souvenirläden belegt. Überall trifft man auf kleine Geschäfte und Verkaufsstände, und rund um den Hauptplatz kann man ungarische Volkskunst erwerben.

Von Szentendre nach Budapest 24,8 km

12 Von der historischen Innenstadt weiter dem **Dunakorzó** folgen ~ nach dem Platz geradeaus weiter gegen die Einbahnstraße ~ kurz nach der kleinen Brücke beginnt auf der linken Straßenseite ein zweispuriger Rad- und Fußweg ~ vor dem Parkplatz links abbiegen und in den Park ~ dem Rad- und Fußweg auch auf dem Damm weiter folgen ~ hinter einer Kläranlage biegt der Weg nach rechts ~ an einem kleinen Bach entlang ~ **13** kurz vor der Hauptstraße links und auf der gepflasterten Brücke den Bach überqueren.

VARIANTE Die Hauptroute ist auf den nächsten Kilometern zwar landschaftlich reizvoll, allerdings oft schlecht befahrbar. Insbesondere nach Regenfällen und wenn Sie mit einem Anhänger unterwegs sind, empfehlen wir Ihnen die Alternative entland der Hauptstraße.

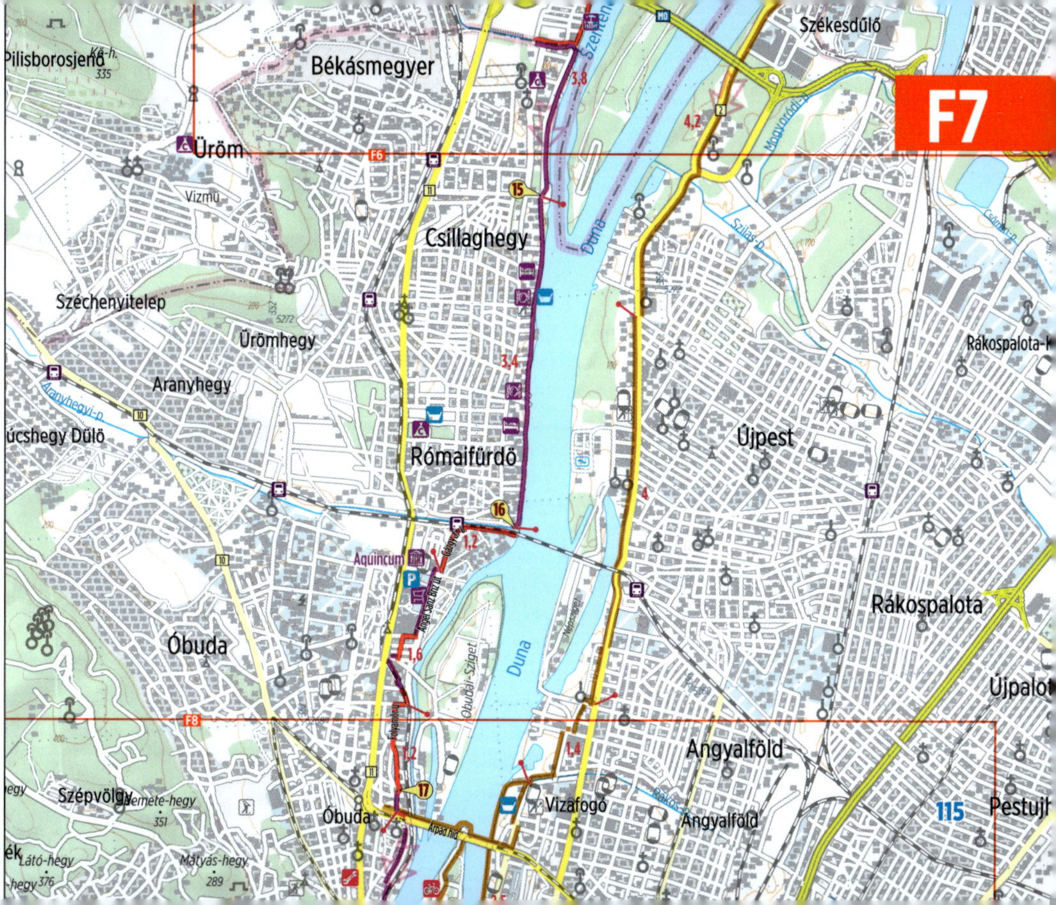

Variante entlang der Hauptstraße 4 km

Nach der kleinen Brücke rechts abbiegen ⤳ auf die andere Seite der Hauptstraße wechseln ⤳ links abbiegen und dem Rad- und Fußweg auf der rechten Straßenseite folgen ⤳ an der Überführung weiter zur T-Kreuzung, dort links auf den zweispurigen Rad- und Fußweg ⤳ dem Weg über die Brücke und bis hinunter zur Donau folgen ⤳ hier rechts abbiegen, Sie befinden sich nun wieder auf der Hauptroute.

Auf der Hauptroute gleich nach der Brücke links abbiegen und auf dem unbefestigten Dammweg zurück Richtung Donau ⤳ an der Gabelung links und dem Schotterweg durch den Wald folgen ⤳ der Weg kommt zurück auf den Damm ⤳ nach wenigen Metern ist der Weg asphaltiert, allerdings in einem sehr schlechten Zustand ⤳ **14** bei den ersten Häusern auf der rechten Seite biegen Sie links in den gepflasterten Weg ein.

Dem Weg durch das idyllische Naturschutzgebiet folgen ⤳ der Weg bringt Sie zurück ans Wasser ⤳ geradeaus in die kleine Straße ⤳ unter der Autobahnbrücke durch und erneut an einigen Häusern vorbei ⤳ vor dem Kanal rechts in die Straße ⤳ kurzzeitig der Straße am Kanal entlang folgen, dann links abbiegen und auf der Brücke über den Kanal ⤳ links auf den schmalen Weg und am Kanal entlang zurück zur Donau ⤳ der breiten Promenade auf dem Damm folgen ⤳ **15** am Ende der Promenade weiter parallel zur Donau ⤳ Bäder, Campingplätze, Pensionen, Hotels und Gasthäuser säumen den Weg, bis Sie schließlich den quer verlaufenden Eisenbahndamm erreichen.

Museum Aquincum

16 Im Rechtsbogen von der Donau weg ⤳ gleich links auf eine kleine Brücke abbiegen, am Ende der Brücke wieder links ⤳ Rechtsbogen und unter der Bahnlinie hindurch ⤳ der langgezogenen Linkskurve folgen ⤳ Sie kommen zu einer etwas schräg versetzten Kreuzung, hier müssen Sie geradeaus weiter ⤳ nach der Kreuzung beginnt auf der rechten Seite ein Radweg, welcher an der Hauptstraße entlangführt.

TIPP **Wenn Sie an dieser Kreuzung rechts abbiegen, zur Bundesstraße vorfahren und dort rechts abbiegen, erreichen Sie das Museum Aquincum.**

Museum Aquincum

Um Christi Geburt eroberten die Römer das heutige Westungarn und machten es zur Provinz Pannonien, die Anfang des zweiten Jahrhunderts geteilt wurde. Zur Hauptstadt von Unter-Pannonien wurde Aquincum, eine Siedlung im heutigen Obuda, dem Nordteil von Buda.

Das Wort Aquincum ist keltischen Ursprungs (Ak Ink) und bedeutet soviel wie „ergiebiges, reichliches Wasser". An der Ausfallstraße von Budapest nach Szentendre kann man noch heute die Ruinen der alten Römerstadt besichtigen. Nach heutigen Maßstäben waren die Wohnhäuser mit allem Komfort ausgestattet, es gab Wasserleitungen und ein Kanalisationsnetz.

Anfangs war in der Stadt nur eine kleine römische Truppe stationiert, Ende des ersten Jahrhunderts schon eine ganze Legion. Das Militärlager dieser Legion befand sich im heutigen Zentrum von Obuda, am Budaer Brückenkopf der Árpad-híd. Zu Beginn des zweiten Jahrhunderts nahm der kaiserliche Statthalter in der Provinzhauptstadt seinen Sitz ein. Erster Statthalter war der spätere Kaiser Hadrian. Den Palast des römischen Statthalters haben Archäologen auf der Obudai-sziget ausgegraben. Die Reste der Siedlung der Zivilbevölkerung, der Bügerstadt (municipium), sind auf dem Ruinenfeld beim Museum von Aquincum zu sehen. Außerdem gab es in den ersten Jahrhunderten der römischen Herrschaft am Fuße des Gellerthegy noch eine awarische Siedlung mit einem kultischen Zentrum. Diese drei Ansiedlungen, die der awarischen Urbevölkerung am Gellerthegy, das römische Militärlager und die rundherum entstandene Zivilstadt, bilden zusammen Aquincum.

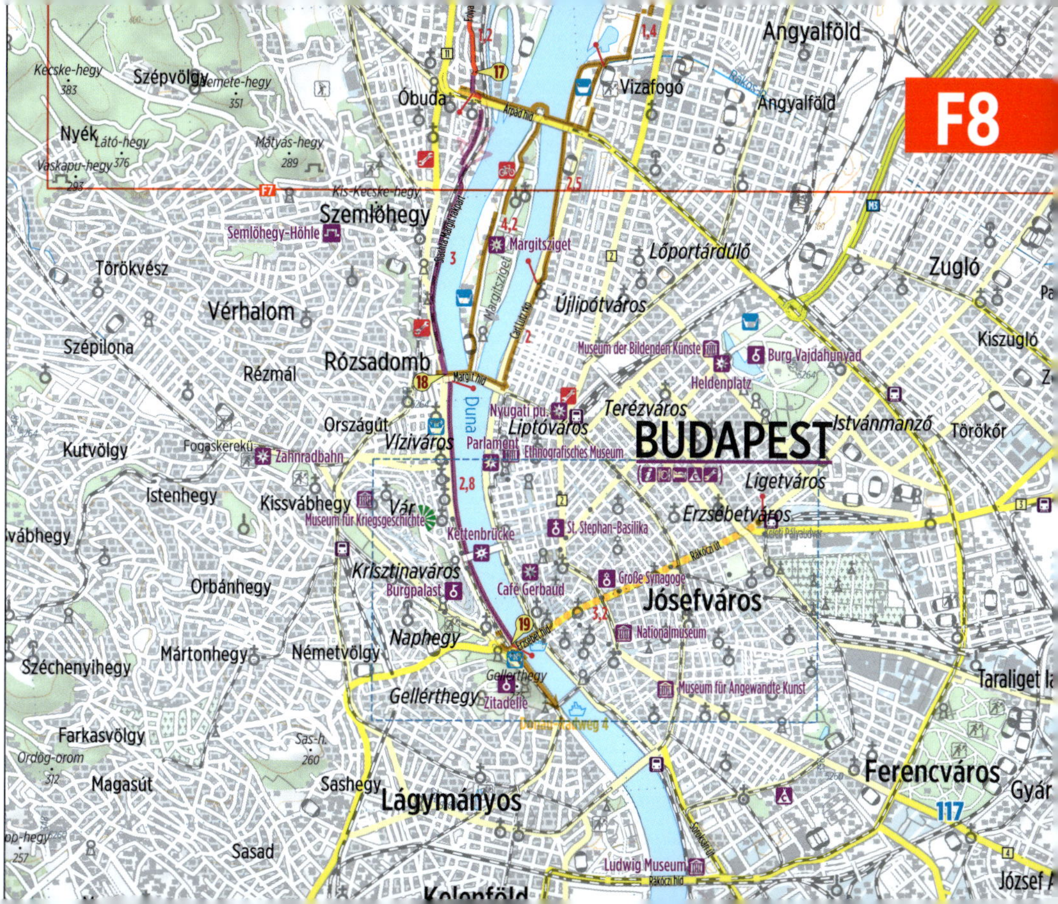

Budapest

Im 2. und 3. Jahrhundert erlebte Aquincum eine Blütezeit. Ende des 4. Jahrhunderts aber war die militärische Kraft des Römischen Reiches erschöpft, und Aquincum konnte den Angriffen der aus dem Osten vordringenden Nomadenvölker nicht mehr standhalten, daher wurde es Anfang des 5. Jahrhunderts nach einer mit den Hunnen getroffenen Vereinbarung geräumt.

Die Überreste der Siedlungen, die manch seltene Kostbarkeit beherbergten, kamen erst bei Abbrucharbeiten im letzten Drittel des vergangenen Jahrhunderts zum Vorschein. Eines der Glanzstücke ist eine kleine Wasserorgel, die der Grieche Ktesibius um 140 v. Chr. erfunden hat. Die Wissenschaft kannte dieses Instrument zwar aus Beschreibungen des griechischen Mathematikers und Mechanikers Heron von Alexandria und von Abbildungen auf Münzen, man konnte sich jedoch von ihrem Klang keine Vorstellung machen, bis die Orgel in Aquincum gefunden wurde. Sie war nach dem Brand eines Hauses erhalten geblieben. Ihre 52 bronzenen Pfeifen geben einen Klang von sich, der an eine Panflöte erinnert. Zu den vielen anderen Kostbarbeiten gehört etwa auch ein Fußbodenmosaik, das den Raub der Deinaeira darstellt. Es besteht aus tausenden kleinen Steinen, die eine ungeheuere Leuchtkraft besitzen.

Auf dem Radweg neben der Straße am Gewerbegebiet entlang ~ bei der zweiten Quersstraße rechts ab, Sie befinden sich nun in der **Remény Ede utca** ~ bei der nächsten Möglichkeit links ~ an der T-Kreuzung rechts und gleich danach links über die Straße ~ parallel zu den Bahngleisen ~ die Gleise überqueren und weiter neben der Bahn entlang ~ rechts abbiegen und gleich wieder links in die **Folyamör utca** ~ nach dem Parkplatz der Links-Rechts-Kombination folgen ~ geradeaus in den Rad- und Fußweg durch die kleine Parkanlage ~ weiter geradeaus auf die Kopfsteinpflaster-Straße.

Sie fahren vor bis zu einem kleinen Platz ~ hier warten vier lebensgroße Statuen aus Bronze auf Sie ~ auf diesem Platz rechts halten und schon befinden Sie sich auf einem romantischen größeren Platz, dem **Fö tér** ~ **17** leicht links halten und über diesen Platz ~ Sie kommen zu einer Bushaltestelle, dort links halten ~ direkt vor der Árpád híd beginnt wieder ein Radweg.

VARIANTE **Hier können Sie auch auf die Árpád híd auffahren und weiter über die Margit Sziget (Margareteninsel) radeln. Sie treffen dann auf die Margit híd, wo Sie rechts abbiegen und somit auf die Hauptroute gelangen.**

Für die Hauptroute unter der Brücke hindurch ~ Sie sehen ein grünes Radwegschild, welches die Margit híd in 3 km ausweist ~ weiter geradeaus auf dem Radweg rechts neben der breiten Straße ~ auf der Rad- und Fußgänger-Brücke über Bundesstraße und Bahngleise ~ straßenbegleitend direkt am Donauufer entlang bis zur **Margit híd** **18**.

Wenn Sie weiter der Radwegbeschilderung an der Donau entlang folgen, ziehen die beeindruckendsten Bauwerke der Donaumetropole an Ihnen vorbei: rechts oberhalb liegen die **Burg**,

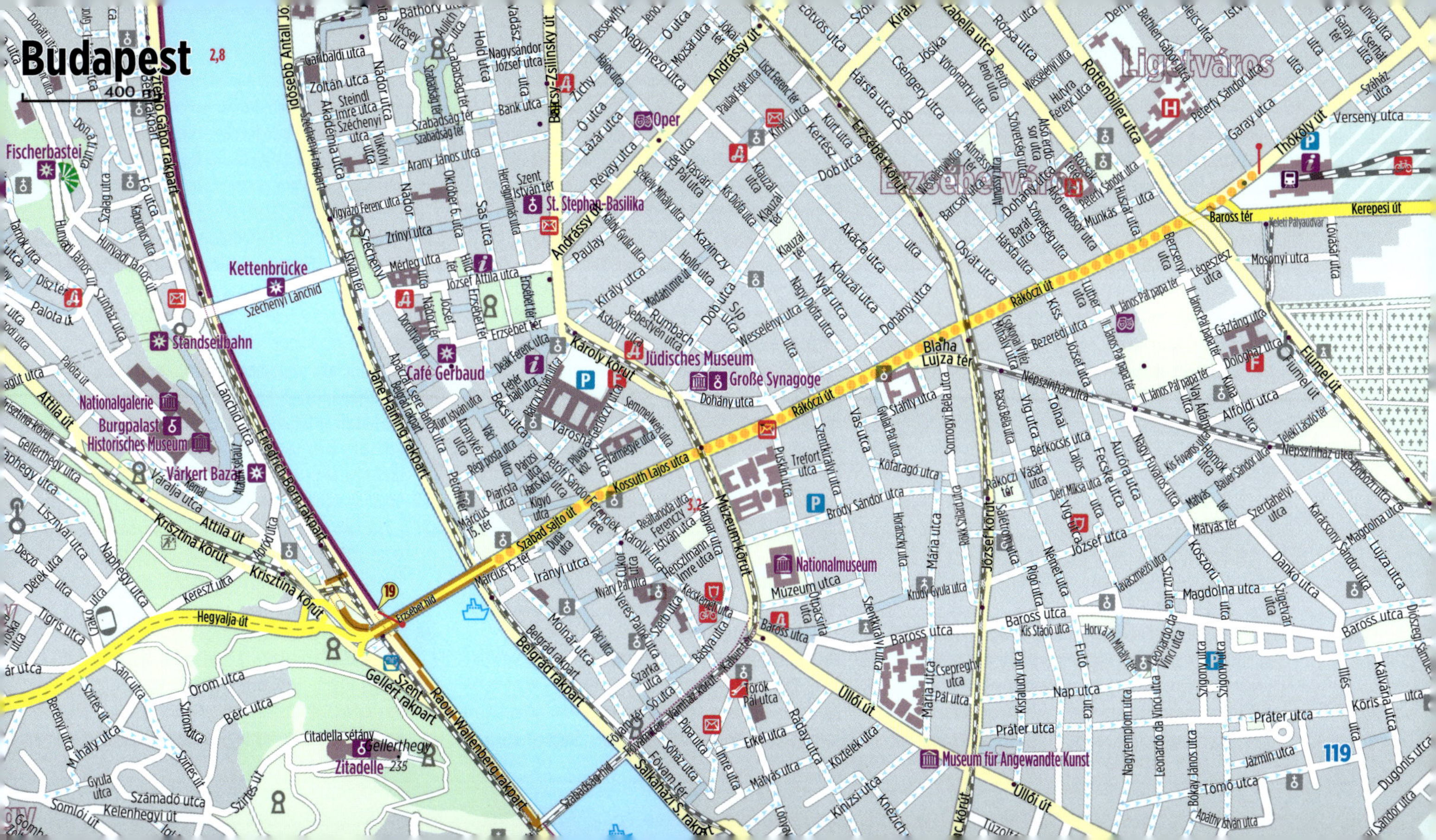

Budapest
2,8
400 m
Fischerbastei
Kettenbrücke
Széchenyi Lánchíd
Standseilbahn
Nationalgalerie
Burgpalast
Historisches Museum
Várkert Bazár
St. Stephan-Basilika
Oper
Café Gerbaud
Jüdisches Museum
Große Synagoge
Nationalmuseum
Museum für Angewandte Kunst
Zitadelle
Gellérthegy
Citadella sétány
235
Ligetváros
Erzsébetváros
Andrássy út
Rákóczi út
Kossuth Lajos utca
Szabad sajtó út
Károly körút
Múzeum körút
Erzsébet körút
József körút
Üllői út
Baross tér
Kerepesi út
Keleti Pályaudvar
Blaha Lujza tér
Népszínház utca
Thököly út
Fiumei út
Rottenbiller utca
Dohány utca
Wesselényi utca
Király utca
Baross utca
Práter utca
Krisztina körút
Attila út
Hegyalja út
Szent Gellért rakpart
Raoul Wallenberg rakpart
Belgrád rakpart
Jane Haining rakpart
Friedrich-Born-rakpart
Id. Antall József rakpart
Erzsébet híd
Kálvin tér
Fővám tér
Vámház körút
Szabadság tér
Deák Ferenc tér
Vörösmarty tér
Március 15. tér
Ferenciek tere
Rákóczi tér
Mátyás tér
Kerepesi út
Verseny utca
19
119
3,2

die **Fischerbastei** und die **Matthiaskirche**, das **Hotel Gellért** und schließlich die **Zitadelle**, auf der anderen Donauseite das **Parlament** an der imposanten **Kettenbrücke** vorbei und weiter zur **Elisabethbrücke** (Erzsebét híd) **19**.

ZUM BAHNHOF Der einfachste und schnellste Weg zum Bahnhof Keleti pu., von wo aus die wichtigsten Fernzüge in verschiedene Richtungen starten, führt über die Erzsebét hid und die Rákóczy út. Allerdings herrscht hier sehr starker Verkehr, sodass Sie besser auf Nebenstraßen ausweichen oder das Fahrrad auf dem Gehsteig schieben sollten.

Budapest

Vorwahl: 01

MAV Service Center (Ungarische Staatsbahn AG), Krisztina krt. 37/a, 3494949. Auskunft und Bahnkartenverkauf, @ xiq841

Tourinform, Sütő utca 2, Déak tér, 4863300, @ gog253

Mahart Passnave, Belgárd rakpart, 4844000, 4844013 Personenschifffahrt, @ dkx584

Iparmüvészeti Múzeum (Museum für angewandte Kunst), Üllői str. 33-37, 4565100, Aufgrund von Renovierungarbeiten vorübergehend geschlossen. In einem anpruchsvollen Jugendstilbau untergebracht, zeigt es die vielfältigen Gebrauchsgegenständen aus aller Welt die Geschichte des Designs. @ rdn822

Ludwig Museum - Museum für zeitgenössische Kunst, Komor Marcell u. 1, 5553444 Zeitgenössische Kunstsammlung des Kölner Ehepaars Irene und Peter Ludwig, die Sammlung bietet einen Überblick über die letzten 50 Jahre internationaler und die letzten 10 Jahre zeitgenössischer Kunst in Ungarn. @ huc535

Magyar Nemzeti Galéria (Ungarische Nationalgalerie), Szent György tér 2, Burgpalais A-B-C-D-Flügel, 2019082 Die Sammlung zeigt Werke ungarischer Malerei vom 15. bis zum 19. Jh. Besonders sehenswert die spätgotischen Altarflügel, Landschaften und Portraits des Malers Mihály Munkácsy (1844-1900) und das Schaffen der ungarischen Impressionisten, unter ihnen Pál Szinyei Merse und Kosztka Tivadar Csontváry. @ rho223

Magyar Nemzeti Múzeum (Ungarisches Nationalmuseum), Múzeum krt. 14–16, 3277700 Das größte und prestigeträchtigste Museum des Landes präsentiert diverse Sammlungen zur Geschichte der Völker Ungarns. Im Prunksaal sind die ungarischen Krönungsinsignien aus dem Jahr 1000 ausgestellt. @ yho521

Museum Aquinicum, Szentendrei út. 135, 4301081 Denkmäler und Gebrauchsgegenstände (2.-4. Jh.) aus der Römerstadt Aquincum. @ wbe423

Néprajzi Múzeum (Ethnographisches Museum), Kossuth Lajos tér 12, 4732442, Seit Dez. 2017 geschlossen - Wiedereröffnung 2020 in einem neuen modernen Museum! @ ldr381

Szépmüvészeti Múzeum (Museum der Schönen Künste), Dózsa György út 41, 4697100, bis Herbst 2018 wegen Renovierung geschlossen. Das weltberühmte Haus besitzt die größte Sammlung spanischer Meister außerhalb Spaniens (Velazquez, Goya, El Greco). Die Moderne Galerie zeigt Werke von Monet, Pissarro, Renoir, Cézanne, Gauguin und andere. Antike-Sammlung. @ mqt665

Történeti Múzeum (Historisches Museum der Stadt), Szent György tér 2, Burgpalais E-Flügel, 4878800 Die Schau umfasst die Zeit von der Romanik bis zur Renaissance und ist für jene ein Muss, die sich für die Stadtgeschichte mit dem Schwerpunkt Burgviertel interessieren. @ cxi264

Zsidó Múzeum (Jüdisches Museum), Dohány u. 2, 4135500 In Nachbarschaft der Großen Synagoge zeigt die Sammlung wertvolle Gegenstände der jüdischen Kultur und eine eindrucksvolle graphische Darstellung über die Konzentrationslager und die Deportation ungarischer Juden. @ obv387

Große Synagoge, Dohány u. 2, 3430420 Die größte Synagoge Europas bietet für 3.000 Menschen Platz und ist ein Werk eines Schülers Otto Wagners. Eine Gedenktafel erinnert an Theodor Herzl (geb. 1860 in Budapest). Samstags geschlossen. @ xcf444

St. Stephan-Basilika, Szent István tér 1, 3110839. Mit dem Bau der größten Budapester Kirche wurde 1851 begonnen, 1868 stürzte jedoch die Kuppel ein. Nach Plänen von Miklós Ybl konnte schließlich 1905 das eklektische Werk eingeweiht werden. Als Reliquie wird hier die rechte Hand des ersten ungarischen Königs Stephan (975-1038) aufbewahrt. @ rkv656

Burg Vajdahunyad, Vajdahunyad vár, 4220765 Ursprünglich zur Millenniumsausstellung 1896 aus Holz erbaut, wurde das Schloss zwischen 1896 und 1908 mit Steinen und Ziegeln neu gebaut. Die Anlage soll anhand von Nachbildungen aus Romanik, Gotik, Renaissance und Barock die Geschichte der ungarischen Baukunst dokumentieren. Im Mittelpunkt steht eine Rekonstruktion der Burg Vajdahunyad in Siebenbürgen. @ lak436

Halaszbastya (Fischerbastei), Szentháromság tér, 4583000 Als ein in der Neuromantik errichtetes Monument bietet die Fischerbastei einen fantastischen Ausblick auf Budapest. @ nqe112

Zitadelle, Gellért-Berg. Die Festungsanlage „wacht" seit 1849 über die Stadt, errichtet als Reaktion der Habsburger Siegermacht auf den ungarischen Freiheitskampf. Heute wird sie vom „Befreiungsdenkmal" überragt, das 1947 als Erinnerung an den Sieg der Sowjettruppen über die Wehrmacht aufgestellt wurde. Großartige Aussicht auf die Burg und die vom Fluss zweigeteilte Stadt.

Burglabyrinth, Úri u. 9, 2120207 Eine faszinierende Präsentation der weitläufigen unterirdischen Gänge der Burg. Im 15. Jh. wurde Vlad Tepes, auch als Graf Dracula bekannt, hier gefangen gehalten. Später wurde das Höhlensystem als Lagerraum, Weinkeller und im Zweiten Weltkrieg als deutsches Hauptquartier genutzt. @ ygg217

Szemlöhegy-Höhle, Pusztaszeri utca 35, 3256001. Von KennerInnen als der „unterirdische Garten von Budapest" bezeichnet, wartet die Höhle aus dem Eozän, eine von vielen in der Umgebung, mit wundervollen Stalagmiten und Stalaktiten auf. @ nqi188

Budavári Sikló (Standseilbahn zum Burgpalast), Clark Ádám tér 1, 2019128. Die 1870 erstmals eröffnete Bahn fährt mit originalgetreuen Wagen zwischen den originalgetreuen Stationen. Die Fahrt dauert bloß ein paar Minuten. An der unteren Station, am Kopfe der Kettenbrücke, befindet sich der 0-Kilometerstein, von dem die in Ungarn angegebenen Entfernungen gemessen werden. @ etr541

Burgviertel, Stadtteil Buda. Im Mittelalter befand sich hier der Stadtkern und damit das politische und kulturelle Zentrum Ungarns. Nach der Besatzungszeit durch die Türken entstand das Viertel im 18. Jh. neu, auf diese Zeit geht das Gros der sorgfältig restaurierten Bausubstanz zurück.

Café Gerbeaud, Vörösmarty tér 7-8, 4299000. Das touristische Aushängeschild unter den Budapester Kaffeehäusern, aber mehr wegen seines verschwenderischen gutbürgerlichen Interieurs als der Konfiserie zuliebe einen Besuch wert. @ wek634

Ehem. Jüdisches Viertel, zwischen Dohány utca (Károly krt.) Király utca, Kertész utca, Rudasbad, Döbrentei tér 9. Die jüdische Gemeinde in Budapest zählte in der Vorkriegszeit rund 200.000 Menschen. Heute ist vom einst vielfältigen Gemeindeleben nur mehr wenig zu sehen, jedoch bieten sich hinter den abbröckeln-

Fischerbastei mit Matthiaskirche

den Fassaden für Interessierte die reizvollsten Entdeckungen jüdischer Architektur und Lebensweise.

Fogaskerekű Vasút (Zahnradbahn auf den Széchenyi-Berg), Station beim Budapest-Hotel, Városmajor, 2584636. Die Fahrt auf der 1874 angelegten, 3,5 km langen Trasse durch die Budaer Villenviertel verspricht einer der Höhepunkte des Stadtbesuchs zu werden.

Földalatti (Alte Metro). Die Linie M 1 ist die älteste Untergrundbahn des Kontinents, errichtet anlässlich der Millenniumsfeier 1896 und verbindet unter der Prachtstraße Andrássy út verlaufend stilvoll den zentralen Vörösmarthy tér mit dem alten Zoo im Stadtpark (Városliget, Station Széchenyi fürdő).

Heldenplatz

✲ **Geführte Sightseeing-Radtouren**, Szent István tér 4, ✆ 070/2425736. Von BudaBike Tours, Treffpunkt Szent István tér vor der Basilika, @ tib273

✲ **Hősök tere (Heldenplatz)**, Dózsa György út. Der Platz wird beherrscht vom Millenniumsdenkmal, das 1896 anlässlich der Tausendjahrfeier der Landnahme errichtet wurde und die Größe der ungarischen Nation vor Augen führen soll.

✲ **Margitsziget (Margareteninsel)**. im Norden der Stadt im 13. Bezirk. Die jüngere Geschichte der Insel beginnt Ende des 18. Jhs., als der Vizekönig Joseph von Habsburg hier ein Sommerpalais bauen und einen Park mit exotischen Bäumen anlegen ließ. 1867 wurde die erste Heilquelle entdeckt, womit die Entwicklung zum Bade- und Kurbetrieb begann. Heute für den motorisierten Verkehr gesperrt, ist die Insel ein beliebter Erholungsort.

✲ **Nyugati pu. (Westbahnhof)**, Nyugati tér 57. Der sehenswerte renovierte Bau ist ein klassischer Kopfbahnhof (1874-77), dessen Glashalle von August de Serres und die Eisenkonstruktion von Gustave Eiffel, dem Erbauer des Pariser Eiffelturms, stammt.

✲ **Zugligeti Libegö (Sessellift auf den Johannesberg)**, Zugligeti Út 97, ✆ 3943764, ⏲ immer ab 10 Uhr bis – je nach Monat – zwischen 15:30 und 19 Uhr. Der Höhenunterschied zwischen den beiden Endstationen beträgt 262 m. Die ungefähr 1 km lange Bahnstrecke verläuft in einer Höhe von etwa 8 m. Die Fahrt dauert ca. 15 min. und die Aussicht von oben ist traumhaft. @ jtb741

Király fürdő (Königsbad), Fő utca 84, ✆ 2023688. Das 1566 vom türkischen Pascha Sokoli Mustafa erbaute Bad ist nur eines der zahlreichen reizvollen Badeanstalten und Heilquellen der Stadt. Im 18. Jh. barock und 1827 klassizistisch erweitert, bestehen die Becken und die große Kuppel noch im Original. @ wqr756

Rudas fürdö (Rudasbad), Döbrentei tér 9, ✆ 3561322. Hier stand schon vor dem türkischen Bau von 1566 eine Badeanlage, gespeist von radioaktivem und schwefelhaltigem Wasser. Eine Erweiterung erfolgte Ende des 19. Jhs. durch Miklós Ybl. Auch heute wird diese Quelle noch als Heilbad genutzt. @ awc276

Budapest! Eine Weltstadt, eine Künstler- und Operettenstadt, oft besungen und ebenso oft mit den verschiedensten prosaischen Bezeichnungen bedacht. Budapest ist eine Stadt der Gegensätze, die in ihrer heutigen Form zwar nicht mehr als 100 Jahre zählt, aber den vergangenen Glanz der Monarchie ausstrahlt. Als Schwesterstadt von Wien und Metropole der ungarischen Reichshälfte behauptet sie bis heute stolz ihre Stellung inmitten eines Staates, in dem sich die politischen Systeme rascher als anderswo abgewechselt haben.

Sie ist die unbestrittene Königin unter den ungarischen Städten und weit mehr als nur deren größte. Denn die übrigen Städte sind zum Teil nichts weiter als formlose Ansammlungen von Häusern und Industrieanlagen, umgeben von landwirtschaftlichen Nutzflächen. Weit auseinanderlaufende Areale von geringer Bevölkerungsdichte, in denen sich urbanes Leben im engeren Sinne gar nicht entwickelt hat. Im 19. Jahrhundert konnten viele der Bauernburschen, die zum Militär in der Hauptstadt eingezogen wurden, dort zum ersten Mal so etwas wie ein Rathaus oder einen Marktplatz bestaunen.

Dies trifft zum Teil heute noch auf die Landbevölkerung zu und lässt erkennen, was das prachtvolle Stadtgebilde Budapest für Ungarn immer bedeutet hat: einen Ort blendender Pracht und berauschender Selbstbestätigung. Viele halten diese Stadt für eine der schönsten der Welt.

Und wirklich, sie hat es wohl wie keine andere verstanden, sich in eine Aura von Festlichkeit und operettenhaftem Glanz zu hüllen und vermag noch für wenig Geld so mancherlei Vergnügungen anzubieten.
Schon in frühester Zeit lernten die Menschen dieses Fleckchen Erde schätzen und lieben. Der Zauber des silbernen Stromes, der herrliche Anblick von Ebene und Bergland haben schon vor mehr als 2.000 Jahren die Römer bewogen, hier eine Stadt zu bauen. Juristisch gesehen erfolgte die Stadtgründung erst 1873 durch die Vereinigung der drei bis dahin unabhängigen Städte Pest, Buda und Obuda. Die Ursprünge der Stadt gehen aber auf Siedlungen der illyrisch-keltischen Ewarisker und auf das römische Legionärslager Aquincum zurück. Die Magyaren errichteten dann die Burg Kurszans, die ihr erstes Herrschaftszentrum darstellt. 1241 wurden Buda und Pest von den Mongolen zerstört. König Béla IV. ließ 1247 auf dem Schlossberg in Buda die erste königliche Burg errichten, die später zu seiner ständigen Residenz wurde. Pest bedachte er mit staatlichen Vorrechten, die auch den Steinbruch und Klein-Pest am linken Donauufer einschlossen. Der Name Pest scheint von den Kalköfen herzurühren (altslawisch pesti: der Ofen) und zeugt von der – lange Zeit – großteils slawischen Bevölkerung.
Nach der Eroberung durch die Türken war Buda Sitz eines Paschas und aus den zahlreichen Badehäusern, die die Römer hinterlassen hatten, wurden die berühmten türkischen Bäder. Erst in der zweiten Hälfte des 18. Jahrhunderts kam es zum wirtschaftlichen und kulturellen Aufschwung, wobei Buda rasch von Pest überholt wurde, das 1848 zum geistigen und politischen Mittelpunkt des Landes wurde. Um diese Zeit wurde die Stadt von einem starken Trend zum Neuen erfasst. So eröffnete Budapest 1896 die erste Untergrundbahn auf dem europäischen Kontinent, die damit nach der Londoner Metro die zweitälteste der Welt darstellt. Aus dieser Zeit stammen auch die aus Stahl und Glas erbauten Bahnhöfe und Markthallen.
Gemächlich zieht das silberne Band der Donau durch die Stadt, es trennt Buda von Pest. Acht prachtvolle Brücken verbinden die beiden Stadtteile und leiten den Autoverkehr über die Donau. Der Strom prägt die Wesensart der Stadt. Budapest wendet ihm sein Gesicht zu wie kaum eine andere Metropole. Die beiden Teile und die Inseln, von denen die Margareteninsel die schönste ist, verschmelzen zu einer harmonischen Einheit.
Buda ist der ältere Teil der Stadt, ihr Mittelpunkt befindet sich heute aber in Pest. Um den engen Stadtkern lagern sich breitausladende neue Viertel, axial gegliedert von Boulevards von pariserischem Gepräge mit vierreihigen Platanenalleen und großen Plätzen.
Die Fischerbastei, ein altertümlicher Prunkbau, ist der augenfälligste Teil einer ganzen Kulisse verschiedenster Stile. Hinter der Bastei liegt der schönste Teil von Buda mit der würdigen Matthiaskirche, dem alten Rathaus mit Renaissancefassade und vielen anmutigen kleinen Gassen: schmucke Barockpalais gesellen sich zu noblen Patrizierhäusern, die zum Teil gotische Fundamente aufweisen.
Auf dem Burgberg befindet sich die königliche Burg. Sie wurde nach dem Abzug der Türken durch ein Freudenfeuer zerstört. Franz A. Hillebrand baute sie im Barockstil wieder auf, später wurde sie von Miklós Ybl umgestaltet, und 1945 brannte sie aus. Beim Spaziergang durch die Gässchen des Burgviertels sollten Sie in der Uri utca 9 Halt machen. Hier befindet sich der Eingang zum unterirdischen Höhlensystem der Burg. Die mehr als zehn Kilometer langen Gänge sind natürliche Höhlen, die im späten Mittelalter miteinander verbunden wurden.

Sie haben nun das Ende Ihrer Radreise erreicht. Wir hoffen, Sie hatten einen erlebnisreichen und interessanten Radurlaub und freuen uns, dass Sie ein *bikeline*-Radtourenbuch als Begleiter gewählt haben.

Das gesamte *bikeline*-Team wünscht Ihnen eine gute Heimreise!

Übernachtungsverzeichnis

Übernachtungsadressen

Dieses Verzeichnis beinhaltet folgende Übernachtungskategorien:

Kategorien

- i Tourist-Information
- H Hotel
- Hg Hotel garni
- Gh Gasthof, Gasthaus
- P Pension, Gästehaus
- Pz Privatzimmer
- Ho Hostel
- Mo Motel
- NF Naturfreundehaus
- AH Apartmenthotel
- B&B Bed and Breakfast
- B Bungalow
- Fw Ferienwohnung (Auswahl)
- Bh Bauernhof
- Hh Heuhotel
- S Sonstiges
- Jugendherberge, -gästehaus
- Campingplatz
- Zeltplatz (Naturlagerplatz)

Die Auflistung stellt keine Empfehlung einzelner Betriebe dar und erhebt keinen Anspruch auf Vollständigkeit. Um das Verzeichnis stets aktuell zu halten, sind wir für Mitteilungen bezüglich Änderungen jeder Art dankbar. Der einfache Eintrag erfolgt für die Betriebe natürlich kostenfrei, aus Platzgründen können wir diesen allerdings nicht garantieren. Vor allem in Tourismusgebieten mit großem Übernachtungsangebot muss die Liste aus Platzgründen automatisiert leicht gekürzt werden.

€ 1,– HUF 311,–

Kennzeichnung

- I Preiskategorie unter € 25,– unter HUF 7.783,–
- II Preiskategorie € 25,– bis € 35,– HUF 7.783,– bis HUF 10.896,–
- III Preiskategorie € 35,– bis € 50,– HUF 10.896,– bis HUF 15.566,–
- IV Preiskategorie € 50,– bis € 70,– HUF 15.566,– bis HUF 21.792,–
- V Preiskategorie € 70,– bis € 100,– HUF 21.792,– bis HUF 31.132,–
- VI Preiskategorie über € 100,–
- o.F. kein Frühstück angeboten
- HP mit Halbpension
- nur Zimmer mit Etagenbad
- Bett+Bike Betrieb
- 2.5 Entfernung vom Weg in Kilometer Luftlinie

Preise

Die Preise gelten als Richtwert pro Person in einem Doppelzimmer mit Dusche oder Bad inkl. Frühstück. Die angegebenen Preiskategorien entsprechen dem Stand des Erhebungs- bzw. Überarbeitungszeitraumes und können sich von den tatsächlichen Preisen unterscheiden. Besonders während Messezeiten, aufgrund von unterschiedlichen Zimmertypen und nicht zuletzt saisonal bedingt sind preisliche Schwankungen möglich.

Radwerkstätten u. -vermietung

- Fahrradwerkstatt
- Fahrradvermietung
- E-Bike Ladestation
- E-Bike Verleih
- abschließbare Abstellanlagen

Entfernung

Die blaue Zahl (2.5) beim Betrieb gibt die Entfernung zur Route in Kilometern an. Bitte beachten Sie, dass sich diese Zahl auf die Luftlinie bezieht, ohne Berücksichtigung der Höhenmeter und der tatsächlichen zurückzulegenden Strecke.

Updates

Aktuelle Korrekturen zum Übernachtungsverzeichnis erhalten Sie über das LiveUpdate auf www.esterbauer.com.

Von Wien nach Bratislava

Wien Ⓐ
Vorwahl: 01

i Tourist-Information Hauptbahnhof, Am Hauptbahnhof 1, im Infopoint der ÖBB, ✆ 24555 0.5

Vienna Explorer, Franz-Josefs-Kai 45, ✆ 8909682. Geführte Radtouren 0

ARGUS Shop, Frankenbergg. 11, ✆ 5050907 0.5

1. Bezirk (Wien) Ⓐ
Vorwahl: 01

i Tourist-Information, Albertinapl./Maysederg., ✆ 24555 0.5

H Austria, Fleischmarkt 20, Wolfeng. 3, ✆ 51523, V 0.5

H Das Tigra Hotel, Tiefer Graben 14-20, ✆ 53396410, VI 0.5

H De France, Schottenring 3, ✆ 313680, VI 0

H Domizil, Schulerstr. 14, ✆ 5133199, IV-VI 0.5

H Kaiserin Elisabeth, Weihburgg. 3, ✆ 515260, V-VI 0.5

H Kärntnerhof, Grashofg. 4, ✆ 5121923, IV-VI 0.5

H König von Ungarn, Schulerstr. 10, ✆ 515840, VI 0.5

H Mailberger Hof, Annag. 7, ✆ 5120641, IV-VI 0.5

H Marc Aurel, Marc-Aurel-Str. 8, ✆ 53336400, ✆ 5335226, III 0.5

H Post, Fleischmarkt 24, ✆ 515830, III-IV 0.5

H Royal, Singerstr. 3, ✆ 515680, V 0.5

H Schlosshotel Römischer Kaiser, Annag. 16, ✆ 51277510, V 0.5

H Starlight Suiten Renngasse, Renng. 13, ✆ 5339989, VI 0.5

H Vienna Marriott, Parkring 12a, ✆ 515180, V 0

H Zur Wiener Staatsoper, Krugerstr. 11, ✆ 5131274, IV-V 0.5

P Aviano, Marco d'Avianog. 1, ✆ 5128330, IV-V 0.5

P Best Western Arenberg, Stubenring 2, ✆ 5125291, V-VI 0

P Christina, Hafnersteig 7, ✆ 2530033, III-IV 0

P Dr. Geissler, Postg. 14, ✆ 5332803, III-VI 0

P Neuer Markt, Seilerg. 9, ✆ 5122316, III 0.5

P Opera Suites, Kärntner Str. 47, ✆ 5129310, III 0.5

P Residenz, Ebendorferstr. 10, ✆ 40647860, III-IV 0.5

P Riedl, Georg-Coch-Pl. 3/4/10, ✆ 5127919, IV-V 0

P Sacher Apartments, Rotenturmstr. 1-3, 7. Stock, ✆ 5333238, ✆ 0676/4451658, IV-V 0.5

Newton-Bikes, Lobkowitzpl. 3, ✆ 0676/3635346 0.5

Radhaus Singer, Reichsratsstr. 13, ✆ 4062143 0.5

Trek Bicycle Vienna, Hegelg. 19, ✆ 5130514 0

2. Bezirk (Wien) Ⓐ
Vorwahl: 01

Pedal Power KEG, Bösendorferstraße 5, ✆ 7297234

H Adlon, Hofenederg. 4, ✆ 2166788, ✆ 0800/3334001, o.F., III-VI 0.5

H Austria Classic Hotel Wien, Praterstr. 72, ✆ 211300, III 0

H Austria Trend Hotel Lassalle, Engerthstr. 173-175, ✆ 213150, II-VI 0.5

H Capri, Praterstr. 44-46, ✆ 2148404, III-VI 0

H City Central, Taborstr. 8, ✆ 211050, IV 0.5

H Cristall, Franzensbrückenstr. 9, ✆ 2168142, ✆ 00800/12521252, III 0.5

H Hilton Vienna Danube Waterfront, Handelskai 269, ✆ 72777, III 1

H Ibis Wien Messe, Lassallestr. 7a, ✆ 217700, III-IV 1

H KUNSThof, Mühlfeldg. 13, ✆ 2143178, III-V 0.5

H Mercure Wien City, Hollandstr. 3, ✆ 213130, IV 0.5

H Odeon, Weintraubeng. 31, ✆ 2142362, ✆ 0650/4720732, II-IV 0.5

H Praterstern, Mayerg. 6, ✆ 2140123, III 0

H Resonanz Vienna, Taborstr. 47-49, ✆ 9553252, III-IV 1

H Stefanie, Taborstr. 12, ✆ 21150-0, III 0.5

H Wilhelmshof, Kleine Stadtgutg. 4, ✆ 21455210, IV 0.5

Peter Vesecky, Böcklinstr. 64, ✆ 7289311 1

SATOR Fahrzeuge Produktion und Vertrieb GmbH, Böcklinstr. 104, ✆ 7289136 1

Sporthaus Rih, Praterstr. 48, ✆ 2145180 0

Star Bike, Lassallestr. 5, ✆ 2198560 0.5

3. Bezirk (Wien) Ⓐ
Vorwahl: 01

H Gartenhotel Gabriel, Landstraßer Hauptstr. 165, ✆ 7123205, III 2

H Goldene Spinne, Linke Bahng. 1a, ✆ 7124486, IV-V 0.5

H Mercure Grand Hotel Biedermeier Wien, Landstraßer Hauptstr. 28, ✆ 716710, IV-V 1

H Urania, Obere Weißgerberstr. 7, ✆ 71317110, III 0.5

H Vienna Sporthotel, Baumg. 83, ✆ 79882010, o.F., III-V 1.5

H ibis budget Wien Sankt Marx, Franzosengraben 15, ✆ 7984555, III 2

P Bosch, Keilg. 13, ✆ 7986179, III 1

P Kibi Rooms, Landstraßer Hauptstr. 33, ✆ 7121068, II 1

Fahrrad1030, Sechskrügelg. 2, ✆ 0699/17000542 1

Franz Reinthaler, Rennweg 33, ✆ 7125870 1

Galaxy Fahrräder, Hintere Zollamtsstr. 11, ✆ 7157694, ✆ 0699/11398484 0.5

4. Bezirk (Wien) Ⓐ
Vorwahl: 01

H Beim Theresianum, Favoritenstr. 52, ✆ 5051606, III 0.5

H Carlton Opera, Schikanederg. 4, ✆ 5875302, III-VI 0.5

H Congress, Wiedner Gürtel 34, ✆ 5055506, IV 0

H Drei Kronen, Schleifmühlg. 25, ✆ 5873289, III-IV 0.5

H Johann Strauss, Favoritenstr. 12, ✆ 5057624, III-IV 0.5
H Kaiserhof Wien, Frankenbergg. 10, ✆ 5051701, IV-V 0.5
H Prinz-Eugen, Wiedner Gürtel 14, ✆ 5051741, IV-V 0
H Sommerhotel Wieden, Schelleing. 36, ✆ 5766677, III-IV. von Juli bis September geöffnet 0.5
P Attaché, Wiedner Hauptstr. 71, ✆ 5051818, III-IV 0.5
Cycle Circle, Wiedner Hauptstr. 55/1, ✆ 5044422, ✆ 0699/13087756 0.5

5. Bezirk (Wien) A

Vorwahl: 01

H Allegro, Matzleinsdorferpl. 1, ✆ 5442743, III-IV 1.5
H Art Hotel Vienna, Brandmayerg. 7-9, ✆ 5445108, IV-V 1.5
H Austria Trend Hotel Ananas, Rechte Wienzeile 93-95, ✆ 54620901, IV 1.5
H Ibis Wien, Schönbrunner Str. 92, ✆ 590070, III 2
H Inn Wien City, Margaretenstr. 53, ✆ 58850, ✆ 0800/291353, IV-V 1
Fw Residenz Johann-Strauß, Einsiedlerg. 19, ✆ 5441351, ✆ 0676/5378816, II 2
MITICO Bikes Vienna, Margaretenstr. 107, ✆ 9072087 1.5
die radwerkstatt, Schönbrunner Str. 102 2

6. Bezirk (Wien) A

Vorwahl: 01

H Fürst Metternich, Esterházyg. 33, ✆ 58870, IV-V 1.5
H Ibis Wien Mariahilf, Mariahilfer Gürtel 22-24, ✆ 59998, III 2
H Leonardo, Matroseng. 6-8, ✆ 599010, IV 2
H Secession, Getreidemarkt 5, ✆ 588380, IV 0.5
H Terminus, Fillgraderg. 4, ✆ 58773860, III-IV 0.5
P Esterhazy, Nelkeng. 3, bei Mariahilfer Str. 67, ✆ 5875159, II-III 1
P Haydn, Mariahilfer Str. 57-59, ✆ 58744140, III-IV 1
P Spachta, Gfrornerg. 2, ✆ 5970305, III 2.5
Kolpinghaus Wien Zentral, Gumpendorferstr. 39, ✆ 5875631300, III 1
Westend City Hostel, Fügerg. 3, ✆ 5976729, II-III 2
Bicycle Company, Getreidemarkt 1, ✆ 8901028 0
Ciclopia, Stiegeng. 20, ✆ 5867633 1
Cooperative Fahrrad, Gumpendorfer Str. 111, ✆ 5965256 2
Fahrrad + Skii, Linke Wienzeile 124/128, ✆ 5978288, ✆ 0664/1004659 1.5
IG Fahrrad, Otto Bauer G. 16, ✆ 0650/3346723 1.5
Radsport Niesner, Schmalzhofg. 10, ✆ 5970477, ✆ 0664/1810921 1.5
Rock And Roll BMX & Skateboards, Gumpendorfer Str. 118a, ✆ 2084392 2

7. Bezirk (Wien) A

Vorwahl: 01

H Admiral, Karl-Schweigerhofer-G. 7, ✆ 521410, III-V 0.5
H Falkensteiner am Schottenfeld, Schottenfeldg. 74, ✆ 050/99113000, IV-V 1.5
H Fürstenhof, Neubaugürtel 4, ✆ 5233267, III-IV 2
H Intercityhotel Wien, Mariahilfer Str. 122, ✆ 525850, II-IV 2
H K & K Maria Theresia, Kirchbergg. 6, ✆ 52123, V-VI 0.5
H Kugel, Siebensterng. 43, ✆ 5233355, III-IV 1
H Viennart, Breite G. 9, ✆ 5231345, IV-VI 0.5
P Altstadt Vienna, Kircheng. 41, ✆ 5226666, VI 1
P Arian, Mariahilfer Str. 58, ✆ 5240970, III-IV. eröffnet nach Umbau wieder im Herbst 2018 1
P Atrium, Burgg. 118, ✆ 5233114, III-IV 1.5
P Dormium, Kandlg. 35/7, ✆ 5267340, ✆ 0681/10395390, IV 1.5
P Urban Stay Columbia, Kochg. 9, ✆ 4056757, IV 1
P Walzerstadt, Zieglerg. 35, ✆ 5237122, III-IV 1.5
JH, Myrtheng. 7, Neustiftg. 85, ✆ 52363160, I 1
IG Fahrrad, Westbahnstr. 28, ✆ 5235113 1.5
reanimated-bikes, Westbahnstr. 35, ✆ 5224018 1.5

8. Bezirk (Wien) A

Vorwahl: 01

H Alpha, Buchfeldg. 8, ✆ 4035291, IV 0.5
H Graf Stadion, Buchfeldg. 5, ✆ 4055284, III-IV 0.5
H Josefshof, Josefsg. 4, ✆ 404190, IV 0.5
H Rathaus, Lange G. 13, ✆ 4001122, V-VI 0.5
P Adria, Alser Str. 11, ✆ 4020238, o.F., III 0.5
P Andreas, Schlösselg. 11, ✆ 4053488, o.F., III 0.5
P Baltic, Skodag. 15, ✆ 4056266, III 1
P Baronesse, Lange G. 61, ✆ 4051061, IV-V 1
P Excellence, Alser Str. 21, ✆ 4079620, III-IV 1
P Lehrerhaus, Langeg. 20, ✆ 4032358, III 0.5
P Zipser, Lange G. 49, ✆ 404540, IV-V 1

9. Bezirk (Wien) A

Vorwahl: 01

H Am Schottenpoint, Währinger Str. 22, ✆ 3108787, III-IV 0.5
H Atlanta, Währinger Str. 33, ✆ 4051230, III-V 1
H Bellevue, Althanstr. 5, ✆ 31623888, IV-V 1.5
H Bleckmann, Währinger Str. 15, (Nähe Donaukanal), ✆ 4080899, IV 0.5
H Gala, Viriotg. 5, ✆ 3100837, IV-V 2
H Harmonie, Harmonieg. 5-7, ✆ 3176604, o.F., V-VI 1
H Mozart, Nordbergstr. 4, ✆ 3171537, III-IV 1
H Regina, Rooseveltpl. 15, ✆ 404460, IV 0.5
H Riess City, Türkenstr. 27, ✆ 4022010, o.F., IV 0.5
H Strudlhof, Pasteurg. 1, ✆ 3192522, IV-V 1
P Astra, Alserstr. 32, ✆ 40234540, o.F., III 1.5
Fw Appartm. 700m zum Ring, Van-Swieten-G. 8, ✆ 409368028, ✆ 0664/4351050, IV-V 1
Enzovelo, Spittelauer Lände 11, ✆ 3100545 1.5
Mountainbiker, Währinger Gürtel 146/150, ✆ 4707186 2

10. Bezirk (Wien) A

Vorwahl: 01

H Bosei, Gutheil-Schoderg. 7B, ✆ 66106, IV 3.5
H Eitljörg, Filmteichstr. 5, ✆ 6881182, IV-VI 4.5
H Hilton Garden Inn Vienna South, Hertha-Firnberg-Str. 5, ✆ 60530522, V 3
H Kolbeck Zur Linde, Laxenburger Str. 19, ✆ 6041773, III 0.5
H Zeitgeist Vienna, Sonnwendg. 15, ✆ 902650, V 0.5
P Puzwidu, Himberger Str. 67-71, ✆ 6882168, ✆ 0664/9821640, III-IV 5

22. Bezirk (Wien) Ⓐ

Vorwahl: 01

H Asperner Löwe, Aspernstr. 96, ✆ 2882088, IV 3
H Park Inn by Radisson Uno City, Wagramer Str. 16-18, ✆ 26040, IV 1
Neue Donau, Am Kleehäufel, ✆ 2024010 0.5
2rad-shop, Langobardenstr. 19, ✆ 2825144 2
2rad-shop Filiale, Bellegardeg. 15, ✆ 0676/6850715 1
Biber Sport Service, Soldanellenweg 53/2/1, ✆ 9472425, ✆ 0699/19472425 3.5
Bikestore Fahrrad-Servicecenter, Erzherzog-Karl Str. 14, ✆ 0660 1112948 2
DR Bike Kagran, Wagramerstr. 115, ✆ 0660/2037104 3
Radverleih Copa Cagrana, Copa Cagrana 11-1, Reichsbrücke/Donauinsel, ✆ 2635242 0

Orth an der Donau Ⓐ

Vorwahl: 02212

i Gemeindeamt, Am Markt 26, ✆ 2208 0.5
i Tourist-Information, Schlosspl. 1, Schloss Orth, ✆ 3555 0
P Marchfelder Pension, Schwarzeckerweg 4, ✆ 0676/4924490, I 0.5
P Maria, Uferstr. 1, ✆ 2843, I 0
P S&G Steurer, Altes Dorf 6, u. Wiener Str. 5, ✆ 0664/4644976, I 0.5
P Schauhubers Romantic Rooms, Am Markt 1, ✆ 20399, III 0
P Schlossblick, Hanfgartenweg 10, ✆ 2772, II 0
Erwin Fuchs Radsport, Hauptstr. 14, ✆ 20308 0.5

Haslau-Maria Ellend Ⓐ

i Gemeindeamt Maria Ellend, Wienerstr. 11, ✆ 02232/80250 1.5

Scharndorf Ⓐ

i Gemeindeamt, Bodenzeile 1 b, ✆ 02163/2303 0

Petronell-Carnuntum Ⓐ

Vorwahl: 02163

i Donau Niederösterreich Tourismus, Hauptstr. 3, ✆ 355510 0.5
i Gemeindeamt, Kirchenpl. 1, ✆ 2228 0
H Marc-Aurel, Hauptstr. 10, ✆ 2285, ✆ 0650/5611115, II-III 0.5
Gh Zum Heidentor, Hauptstr. 44, ✆ 2201, ✆ 0650/8272807 0
P Il Centro, Hauptpl. 21, ✆ 43090, III 0
Fw Büller, Hauptpl. 7, ✆ 2700, ✆ 0699/10674182, I-II 0
Peiritsch, Bruckerstr. 28, ✆ 2989, ✆ 0677/62771435, I 0.5
nextbike-Station, Bahnhof, ✆ 02742/229901 0.5

Bad Deutsch-Altenburg Ⓐ

Vorwahl: 02165

i Tourismusbüro, Erhardg. 2, ✆ 62900 0
H Kurzentrum Ludwigstorff, Badg. 21, ✆ 626170, HP, IV-V 0
H Stöckl, Hauptpl. 3, ✆ 62337, III-IV 0
P Madle, Badg. 22, ✆ 62763, ✆ 0699/11578335, III 0
P Parkpension Bichler-Wolfram, Badg. 38, ✆ 62977, ✆ 0664/4857032, II 0

Pz Schön, Neustiftg. 10, ✆ 62753, III 0
nextbike-Station, Bahnhof, ✆ 02742/229901 0.5
nextbike-Station, Museum Carnuntium, ✆ 02742/229901 0

Eckartsau Ⓐ

Vorwahl: 02214

i Gemeindeamt, Obere Hauptstr. 1, ✆ 22020 0.5
Gh Kramreiter, Untere Hauptstr. 12, ✆ 2203, II-III 0.5
Kaltenbrunner, Obere Hauptstr. 22, ✆ 2226 1

Loimersdorf (Engelhartstetten) Ⓐ

Vorwahl: 02214

Pz Pekarek, Ortsstr. 58, ✆ 2286 4.5

Engelhartstetten Ⓐ

Vorwahl: 02214

i Gemeindeamt, Obere Hauptstr. 2, ✆ 2292 3
Pz Landhaus Ornauer, Untere Hauptstr. 5, ✆ 2468 3

Hainburg a.d. Donau Ⓐ

Vorwahl: 02165

i Gästeinformation, Ungarstr. 3, ✆ 62111-23 0
i Gemeindeamt, Hauptpl. 23, ✆ 621110 0
H Altes Kloster, Fabrikspl. 1a, ✆ 64020, IV-V 0
H FairSleep Motel, Pressburger Reichsstr. 70, ✆ 64840, ✆ 0676/4895050, IV 0
Gh Mo Pizzeria „el pirata“, Pressburger Reichsstr. 72, ✆ 64840, ✆ 0676/4409366, II 0
Gh Zum goldenen Anker, Donaulände 27, ✆ 64810, IV 0

Fw Nawratil, Ungarstr. 16, ✆ 0699/12641020, I 0
Restaurant Haydnstüberl, Klosterpl. 2, ✆ 63847 0
nextbike-Station, Hauptpl., ✆ 02742/229901 0

Wolfsthal (A)

Vorwahl: 02165
Gemeindeamt, Hauptstr. 42, ✆ 62676 0
Hg Fidi, Sportplatzweg 11, ✆ 65120, ✆ 0676/3779504, III 0
P Villa Pannonica, Villag. 9, ✆ 0664/3812074, III-IV 0
Pz Korseska, Hauptstr. 39, ✆ 63511, ✆ 0699/11356500 0

Bratislava (SK)

Vorwahl: 02
Bratislava Information Service, Klobučnícka 2, ✆ 16186, ✆ 5935 6651 1
H Aplend City Perugia, Zelená 5, Staré Mesto, ✆ 0902/411111, IV-V 1
H Apollo, Dulovo 1, ✆ 55968922, ✆ 0903/231893, III-V 2.5
H Astra, Prievozská 14, ✆ 58238111, o.F., II-III 3.5
H Botel Marina Hotelschiff, Nábrežie armádneho generála Ludvíka Svobodu, ✆ 54641804, II-III 0.5
H Bratislava, Seberíniho 9, ✆ 20606100, II-III 5
H Bôrik, Bôrik 15, ✆ 20925000, III 1.5
H Crowne Plaza, Hodžovo nám. 2, ✆ 59348111, IV-V 1.5
H Devín, Riečna 162/4, ✆ 59985111, IV-VI 0.5
H Galéria Tachyon, Vančurova 1, ✆ 54777817, III 2.5
H Holiday Inn, Bajkalská 25a, ✆ 48245111, III-IV 4
H Marrol's, Tobrucká 4, ✆ 57784600, IV-VI 1
H Modena, Vlčie Hrdlo 1/A, ✆ 58597293, ✆ 948/998488, II 5
H Nivy, Liščie nivy 3, ✆ 55410390, o.F., II-III 3.5
H No16, Partizánska 16a, ✆ 54411672, ✆ 0903/445900, o.F., III 1.5
H Radisson Blu Carlton, Hviezdoslavovo nam. 3, ✆ 59390500, V 0.5
H Sorea, Kráľovské údolie 6, ✆ 32112870, III 1
H Tatra, Námestie 1. mája 5, Staré Mesto, ✆ 59272111, IV-V 1.5
H Turist, Ondavská 5, ✆ 55572789, o.F., I 4
H West, Cesta na Kamzík, Kamzíči vrch, ✆ 54788693, III 5
H ibis Centrum, Zamocka 38, ✆ 59292000, III 1
Hg Junior, Drieňová 14, ✆ 43338000, II-III 4
P Arcus, Moskovska 5, ✆ 55572522, III 2
Ho Backpacker's Hostel, Panenská 31, ✆ 54641191, ✆ 0905/259714, I 1.5
Ho Svoradov, Svoradova 13, ✆ 54411908, ✆ 0910/842917, o.F., I 1
Ho Zvarac, Pionierska 3276/17, Nové Mesto, ✆ /0915/737362, ✆ 0917/200819, I 4
Mladosť, Staré Grunty 53, ✆ 65421180, ✆ 0918/664051, I 2.5
Mladá garda, Račianska 3544/103, ✆ 0918/664020, I 5
Studentenheim Jura Hronca, Bernolákova 2716/1, ✆ 0918/664030, I 2.5
Chilli's Bike, Šustekova 2690/25, ✆ 62250919 2

Petržalka (Bratislava) (SK)

Vorwahl: 02
H Miva, Bzovícka 38, ✆ 63822556, II-III 4.5
Hg Incheba Expo, Viedenská cesta 7, ✆ 67273121, o.F., II 0.5

Von Bratislava nach Komárno (SK)

Bratislava (SK)

siehe Von Wien nach Bratislava

Petržalka (Bratislava) (SK)

siehe Von Wien nach Bratislava

Vojka nad Dunajom (SK)

Vorwahl: 021
Pz Beata Jankovičová, Vojka nad Dunajom 92, ✆ 0903/481758, o.F., I 0.5

Gabčíkovo (SK)

Vorwahl: 031
H Arpad, Hlavana 1040, ✆ 5595555, ✆ 0903/237951, o.F., II 0.5
P Hóstád, Hlavná 843/16, ✆ 905728919 0.5

Ňárad (SK)

Vorwahl: 031
P Platan, Ňárad 434, ✆ 5549414, ✆ 0908/188585, III 0.5

Zlatná na Ostrove (SK)

Vorwahl: 035
P Hege Bar, Školská 123, ✆ 7781206, ✆ 0905/344121 0.5
P Zlata Ryba, Zlatná na Ostrove 866, ✆ 352868155, I 0
Sportova hala, ✆ 7781341, ✆ 7793168 0.5

Komárno (SK)

Vorwahl: 035
Tourist Info, nám. Gen. Klapku, ✆ 948830202 1
H Banderium, Nám. M.R. Štefánika 11, ✆ 7730156, ✆ 7733776, II 0.5
H Bow Garden, Štúrova 1017/2, ✆ 7732237, o.F., I-IV 1
H Litovel, Dunajske nábrežie 10, ✆ 0903/443885, I 0.5
H Panoráma, Športová 1, ✆ 7778719, ✆ 7778885, I-II 1.5
H Peklo, Platánová alej 1, ✆ 7740620, o.F., III-V 0
P Apáli, Mŕtve rameno Váhu č. 50, ✆ 7721721, II 2.5
P Bella, Jókaiho 9, ✆ 7713028, o.F., I-III 1
P Duna, Dunajská 2, ✆ 0911/317730, I 0.5
P Hubert Varga, Jókaiho 19, ✆ 7701787, ✆ 0903/219688, I 1
P Lehár, Lehárova 10, ✆ 0918/293924, o.F., I 0.5
P Olymp, Lehárova 12, ✆ 0917/871787, I 0.5
P Szekeres, Svätojánska 12, ✆ 7725927, ✆ 905/431665, o.F., II 0.5

Alzbetin ostrov (Komárno) (SK)

Vorwahl: 035

(P) Delta, Malodunajské nábrezie 10, ☎ 7731566, I 0.5

(P) Marcipán, Malodunajská cesta 9, ☎ 904/687070, I 0

Von Bratislava nach Komárom (H)

Bratislava (SK)

siehe Von Wien nach Bratislava

Petržalka (Bratislava) (SK)

siehe Von Wien nach Bratislava

Rajka

(P) Kiserdő Vendégház, Ady Endre út 14., ☎ 030/9161724, I 1

(Camping) Aranykárász Kemping, Mosoni-Duna part, ☎ 030/2164122 0

Dunakiliti

Vorwahl: 096

(H) Diamant Hotel, Csölösztői út 1, ☎ 671470, V 1

(P) DuNatura Vendégház, Gyümölcsös ut. 49, ☎ 020/2366837, I 0.5

(P) Makay Apartmanház, Rév u. 70, ☎ 224400, ☎ 030/2478830, I 0.5

(P) Villa Hedi, Gyümölcsös út 62, ☎ 224554, ☎ 030/4591203, I 1

(Camping) Vadvíz Kemping, Duzzasztómü, ☎ /302172-497, ☎ /304866-922 2.5

(Camping) Vizpart, Csölösztőszigeti út 1, ☎ 224579, ☎ 030/2253318 1

Feketeerdő

(P) Luca Háza, Fő u. 7, ☎ 20/9353203 3

Dunasziget

Vorwahl: 096

(P) Családi Kalandok Háza, Felszabadulás u. 6, ☎ 020/4769422, I 0

(P) Heu-Réka Panzió, Akácos u. 213/219, ☎ 233504, ☎ 672008, ☎ 030/2265146, I 0.5

(P) Maywald Vendégház, Sérfenyő u. 137, ☎ 233350, ☎ 020/5997749, I 1

(P) Szelle Lovasudvar, Sérfenyő u. 99, ☎ 233515, ☎ 030/8384480, I 1

(P) Zátonyi Csárda, Zátonyi u. 2, ☎ 233505, ☎ 030/9360520, I 0

(Ho) Dunaszigeti Erdei Iskola, Sérfenyő u. 26 / b, ☎ 206887, ☎ 020/2285220, o.F., I. Schlafsäcke sind mit zu nehmen 0

(Fw) Karolina Apartmanházak, Cikola u. 39a, ☎ 233060, ☎ 020/3563585 0

(Hütte) (Camping) Tündérsziget Táborozóhely és Ökopark, Fő utca 41., ☎ 020/3562068 0.5

(Camping) Kiskocsma Kemping, Doborgaz u. 39, ☎ 020/3960617 0.5

(Camping) Nagyszigeti Sátorozóhely, Dózsa György utca, ☎ 020/4428501 0

Kisbodak

(Camping) Esthajnalcsillag Sátorozóhely, József Attila u., ☎ 030/3727676 0.5

Dunaremete

Vorwahl: 096

(Fw) Ilona Vendégház, Fő u. 1, ☎ 96/718005, ☎ 3/2367362, I 0

Lipót

Vorwahl: 096

(H) Orchidea, Rákóczi u. 42-44, ☎ 674042, AI, V 0

(P) Family Panzió és Apartmanházak, Békefa sor 5, ☎ 96/960027, ☎ 30/3864722, I 0

(P) Fazekas Vendégház, Kossuth út 27, ☎ 96/721316, ☎ 30/5922590, I 0

(P) Fehér Hattyú, Fő út 80, ☎ 720013, ☎ 030/5606984, II 0

(P) (AH) Lipot, Rakoczi ut 1A, ☎ 720612, I-II 0

(P) Olga Vendégszobák, Békefa Sor 6, ☎ 030/2494072, I 0.5

(Pz) Bogdán, Békefa Sor 7/a, ☎ 030/8524538 0

(Camping) Holt-Duna Kemping, Holt-Duna út 1, ☎ 215723, ☎ 030/6558667 0

(Camping) Lipót Termál és Élményfürdő & Camping, Fő u. 84, ☎ 030/4737656 0

Hédervár

Vorwahl: 096

(P) Kont, Kossuth Lajos u. 19, ☎ 571001, ☎ 030/9792902, o.F., I 0

(P) Park Panzió, Fő út 41, ☎ 204974, ☎ 030/6227090, I 0

Mosonmagyaróvár

Vorwahl: 096

(i) Ciklámen Tourist, Fő út 8., ☎ 524530, ☎ 518-885 0.5

(i) Tourinform, Magyar u. 9, ☎ 206304 0

(H) Aqua Hotel Termál, Kígyó u. 1, ☎ 96/579168, III-IV 0.5

(H) Corvina Szálloda, Mosonyi Mihály út 2, ☎ 218131, ☎ 576065, II (Rad) 2

(H) Economist, Gazdász u. 10, ☎ 566600, ☎ 566600, o.F., I 0.5

(H) Engler Hotel, Partos u. 14, ☎ 566425, I 2.5

(H) Fészek Fogadò, Kígyó u. 22, ☎ 211599, ☎ 020/2216299, ☎ 020/9823224, I 0.5

(H) (B&B) Hotel Latja Park, Vízpart u. 6, ☎ 96/207088, III-IV 0.5

(H) Panoráma, Gulyás Lajos u. 21, ☎ 216167, II 1

(H) Simbad Hotel, Kolbai Károly u. 4, ☎ 030/6462520, III-IV 0.5

(H) Thermal, Kolbai Károly u. 10, ☎ 206871, II-III 0.5

(Mo) (Camping) Kis-Duna Motel, Gabonarakpart 6, ☎ 216433, I 4

(Mo) Motelnet T, Kölcsey u. 4, ☎ 576796, I 2.5

(P) Babos Vendégház, Kígyó u. 14, ☎ /0209617663, ☎ 030/2044198, I 0.5

(P) Czinger Vendégszobák, Csillag u. 24, ☎ 96/219807, ☎ 70/2825942, o.F., I 0.5

[P] Nimród, Királyhidai út 59, ✆ 211141, o.F., II 1
[P] Vitalitas panzió, Kereszt utca 5, ✆ 576754, ✆ 20/3721775, I-II 0
[Pz] Pintér Vendégház, Fatelep u. 7, ✆ 216141, ✆ 030/3803525, o.F., I 2
[AH] Suri Bau Apartmanház, Pacsirta utca 1, ✆ 20/4045807, o.F., I-II 0.5
[Fw] Erdös Vendégház és Apartman, Horgász u. 7, ✆ 579497, ✆ 030/5168752, I 2.5
Városi Kollégium, Gorkij u. 3, ✆ 577640, ✆ 020/5241285, o.F., I 0
Aqua Hotel Termál Camping, Kígyó u. 1, ✆ 96/579168 0.5
Kis-Duna Kemping, Gabonarakpart 6, ✆ 216433 4
Körkerékpár Szaküzlet, Kolbai Károly u. 23, ✆ 576013 0.5
Pingi Szerviz, Lucsony u. 10., ✆ 030/4471431 0

Halászi

Vorwahl: 096
[P] Aranyosi Vendéglö és Panzió, Révai u. 2, ✆ 210303, ✆ 030/3944009 0
[Pz] Regia, Kossuth u. 102, ✆ 210684, ✆ 030/5575091, I 0
[Fw] Babos-Major, Halászi Ùgò, ✆ 210-303, III 0.5
[Fw] Radek Vendégház, Kossuth u. 21, ✆ 210436, ✆ 020/3712060 0
Party Csárda, Duna stny, ✆ 573036, ✆ 030/2729015 0.5

Hédervár

Vorwahl: 096
[P] Kont, Kossuth Lajos u. 19, ✆ 571001, ✆ 030/9792902, o.F., I 0
[P] Park Panzió, Fő út 41, ✆ 204974, ✆ 030/6227090, I 0

Kimle

Vorwahl: 96
[P] Dunahaus Vendégház, Béke u. 59, ✆ 096/228644, ✆ 030/2707450, I 4

Novákpuszta (Kimle)

Vorwahl: 96
[P] Szigetköz Vendégház, Iskola u. 2/1, ✆ 096/228068, ✆ 030/9050500, I 3

Ásványráró

Vorwahl: 096
[P] Nádasház, Kikötői u. 55, ✆ 70/3259896, o.F. 2
[Fw] Horgásztanya, Petőfi u. 45, ✆ 524988 1.5
Part Camping, Kikötő u. 51, ✆ 070/6254881 2

Mecsér

Vorwahl: 096
[P] Dunaparti, Ady E. u. 45, ✆ 213386, ✆ 20/9495789, o.F., I 1.5

Dunaszeg

Vorwahl: 096
[Pz] Cseh, Petőfi u. 55, ✆ 352056, ✆ 0209437673 0.5
[Pz] Horváth, Fő u. 32, ✆ 602460 0.5
[Pz] Pércsi, Rákóczi u. 11, ✆ 352137, ✆ 20/9648331, I 0
[Pz] Vincze Laszloné, Szechenyi u. 8, ✆ 602276, ✆ 020/2003068 0.5

Győr

Vorwahl: 096
[i] Tourinform Győr, Árpád u. 32, ✆ 311771, ✆ 336817 0
[H] Alfa, Tihanyi Árpád u. 23, ✆ 316846, II 1
[H] Amarillis Hotel, Királyszék u. 25, ✆ 447261, ✆ 0306227241, I-II 5
[H] Amstel Hattyú Fogadó, Töltésszer u. 18, ✆ 518423, II 0.5
[H] Arany Szarvas Fogadó, Radó sétány 1, ✆ 517452, ✆ 020/2783229, II 0.5
[H] Baross, Baross Gábor u. 69, ✆ 516290, ✆ 516300, II 1
[H] Bolero Hotel, Fehérvári u. 75, ✆ 526400, I 1
[H] Capitulum, Király u. 3/b, ✆ 512350, II-III 0.5
[H] Corvin Hotel, Corvin u. 17-19, ✆ 515490, ✆ 312171, II 0.5
[H] Famulus Hotel, Budai u. 4-6, ✆ 547770, III-IV 0
[H] Fonte Hotel, Schweidel u. 17, Zufahrt: Kisfaludy u. 38, ✆ 513810, II-III 0
[H] Fortunátus Szabadidö Klub, Kandó K. u. 15b, ✆ 311206, ✆ 20/9353940, I-II 0
[H] Golden Ball Club, Szent István u. 4, ✆ 618100, III 0.5
[H] Ibis Győr, Szent István út 10/b, ✆ 509700, II 0
[H] Isabell, Lakatos u. 15, ✆ 528020, III-IV 1
[H] Klastrom, Zechmeister ut 1, ✆ 516910, III 0.5
[H] Konferencia, Apor Vilmos püspök tére 3, ✆ 511450, II 0
[H] Kálvária, Kálvária u. 22D, ✆ 510800, II-III 1
[H] Lévai Hotel, Schweidel u. 23, ✆ 317685, ✆ 335572 0
[H] Rába, Árpád út 34, ✆ 889400, I 0
[H] Rákóczi, Rákóczi u. 41, ✆ 524703, ✆ 312717, I 0.5
[H] Révész, Hédervári u. 22, ✆ 320667, II 0
[H] Senator, Bácsai ut 44, ✆ 413826, ✆ 030/2276366, ✆ 020/9331641, II 0
[H] Smaragd Hotel, Eörsy u. 19, ✆ 519083 1.5
[H] Weldi, Pesti út 35-37, ✆ 529540, II 1.5
[H] Wesselényi, Wesselényi u. 3, ✆ 510040, III 1
[Mo] Paár Hotel, Nagy Imre u. 47, ✆ 424191 2
[P] Csendes Éj, Szabadság u. 52, ✆ 333100, ✆ 070/3899595, I 0.5
[P] Duna, Vörösmarty u. 5, ✆ 329084, ✆ 020/9261778, II 0.5
[P] Família Panzió, Szt. Imre u. 131/b, ✆ 436961, ✆ 070/3778705, I 3.5
[P] Fehér Hajó, Kiss Ernő u. 4, ✆ 317608, I 0.5
[P] Gróf Cziráky, Bécsi kapu tér 8, ✆ 528466, ✆ 310688, ✆ 06/703778707, I 0.5
[P] Hosteria Tia Maria, Eörsy P. u. 17, ✆ 527601, ✆ 439611, I 1.5
[P] Hummel, Kálvária u. 57, ✆ 412599, ✆ 823201, o.F., I 1.5
[P] Hunyadi, Hunyadi u. 10, ✆ 329162, II-III 0.5

P Katalinkert Panzió, Sarkantyú köz 3, ✆ 542087, ✆ 542088, ✆ 01/3557166 0.5
P Kertész, Iskola u. 11, ✆ 317461, I 0
P Kiskút, Kiskúti út 41/A, ✆ 30/479-4172, ✆ 30/884/8407, I 0.5
P Kuckó Panzio, Arany János u. 33, ✆ 316260, o.F., II 0
P Radó Panzió, Zechmeister u. 17, ✆ 550345 0.5
P Relax, Rába u. 60, ✆ 315584, II 1
P Soho Panzió, Kenyér köz 7, ✆ 550465, II 0
P Szederfa Panzió, Hédervári u. 16, ✆ 030/5164718, o.F., I 0
P Szent Kristóf, Szalay I. u. 20, ✆ 618454, II 1.5
P Szenti Panzió, Fehérvári u. 155, ✆ 020/5873900, I 1.5
P Teátrum, Schweidel u. 7, ✆ 310640, II 0
P Thermál, Híd u. 12, ✆ 310408, I 0.5
AH Paár Szieszta, Attila út 41-43, ✆ 527443, ✆ 427-444, ✆ 70/426/1608, o.F., I 0.5
⛺ P City Camping és Panzio, Hédervári út 56, ✆ 325223 0
⛺ P Pihenő, 1-es főút, HRSZ 0681/4 3
🔧 Blaskovics, Tihanyi Á. út 58., ✆ 421194 1
🔧 Blaskovics, Baross G. út 61-63., ✆ 438174 1
🔧 George Sport, Szent István út 39., ✆ 020/3114644 0
🔧 Peppe, Nagy Imre út 91., ✆ 419507 2.5
🔧 Álmos Vezér, Corvin u. 44., ✆ 335567, ✆ 020/2180072 1

Győrszentivan (Győr)

Vorwahl: 096

P Árpád, Gólyarét u. 11, ✆ 347389, ✆ 020/3350089, I 0

Bana

Vorwahl: 096

P Hilda Nemeth, Petőfi S. u. 36, ✆ 0630/3915846 0

Bábolna

Vorwahl: 034

H Imperiál, Mészáros u. 1, ✆ 569284, II 0.5
Gh Gemesi, Jégeri Str. 23
Pz Török, Csikótelepi u. 19, ✆ 369317, ✆ 020/3752257, I 1

Ács

Vorwahl: 034

⛺ Natura Camping, 1-es számú Főút 1, ✆ 030/9467361 0.5

Komárom

Vorwahl: 034

i Komtourist-Vértes, Volan Gmbh, Tancsics M. u. 38, ✆ 347394 0.5
i Tourinform, Igmándi út 2, ✆ 540590, ✆ 540591 0.5
H Aqua, Táncsics M. u. 34, ✆ 342190, I-II 1
H Corner, Szent László u. 16a, ✆ 526918, II 0
H Forrás, Táncsics Mihály u. 34, ✆ 540177, III 1
H Karát, Czuczor Gergely u. 54, ✆ 342222, ✆ 020/3320180, I 1
H Tulipán, Kelemen Laszlo u. 1, ✆ 342604, II 0.5
P Aranytál, Szent László u. 1, ✆ 030/5658599, I 0
P Hordo, Tacsics Mihaly u. 34-36, ✆ 343328, ✆ 020/3555652, ✆ 070/3178250, II 0.5
P Kocsis, Táncsics Mihály u. 79, ✆ 342400, o.F., I 1
P Vasmacska/ Pension Anker, Erzsébet tér 2, ✆ 342304, I 0.5
AH Hét Vezér, Táncsics Mihály u. 34, ✆ 540720, II-III 1
Fw Czanek, Táncsics M. u. 47, ✆ 343339, ✆ 020/8244872, I 0.5
Fw Ilona, Czuczor utca 47, ✆ 020/4246411, I 1
⛺ Fw Solaris Camping, Táncsics M. u. 34-36, ✆ 342552 1

⛺ Thermal Camping, Táncsics Mihály ú. 38, ✆ 342447, ✆ 341222 1
⛺ B WF Szabadidőpark, Puskaporosi u. 24, ✆ 540448, ✆ 030/6649227, I 3
🔧 Komfront Kft., Mártírok útja 47., ✆ 344443 1
🔧 Rajka, Kalmár köz 6-8., ✆ 341555 0.5
🔧 piko bike, Meštianska 3018, ✆ 0948045115 1.5

Von Komárno nach Esztergom (SK)

Komárno (SK)

siehe Von Bratislava nach Komárno (SK)

Alzbetin ostrov (Komárno) (SK)

siehe Von Bratislava nach Komárno (SK)

Patince (SK)

Vorwahl: 035

H Hotel Wellness Patince, Patince 431, ✆ 7908500, ✆ 918886715, IV 0.5
Hg Harmonia, Areal TK 143, ✆ 0911/187870, III 0.5
P Šport, Patince 125, ✆ 7732532, ✆ 772 17 21 0.5
Pz Chatová osada Family Resort, Kúpele 64, ✆ 7731444 0.5
Pz Ubytovanie v súkromi Paddi, Hlavná ulica 11, ✆ 7787656, ✆ 905132138, ✆ 908136701 0.5

Radvaň nad Dunajom (SK)

P Mlyn, Nr. 213, ✆ 905717104, II 0

Moča (SK)

Vorwahl: 035

P Helén, Hlavná 779, ✆ 7777971, ✆ 903231864 0

Mužla (SK)

Vorwahl: 0036

H Montanara, Mužla 713, ✆ 7583200, ✆ 0917 519 104 0

Bikestop, Mužla 453, ✆ 902145916 1

Štúrovo (SK)

Vorwahl: 036

i TIK Štúrovo, Hlavná 8, ✆ 7524009, III 0.5

H Butik Centrum, Hlavná 7, ✆ 7511312 0.5

H Guest Centre, Hlavná 78, ✆ 7511023, ✆ 908/130079, I-II 0.5

H Hotel Thermal, Pri Vadaši 2, ✆ 7560111, III 0.5

H Zahovay, Námestie Slobody 10, ✆ 7511137, o.F., I 0

P Keruvia, Nánanská cesta 63, ✆ 035/6400962, ✆ 905 750 010 1

P Mika, Bocskaiho 29, ✆ 911811711, o.F., I 0.5

P Penzión Kormoš, Komenského 8, ✆ 7522890, ✆ 905/513732, I 0.5

P St. Florian, Széchenyiho 6/A, ✆ 7520060, ✆ 908/796202, I-II 0

P Welya, Pri starej pošte 1, ✆ 7511614, ✆ 911/667884, HP, I-II 0.5

Ho Hostel Dunaj, Ostrihomská 6, ✆ 7511036, ✆ 948 124 778, o.F., I 0

Campsite ATC Vadaš termálne kúpalisko, Vadašská, ✆ 7560122, ✆ 7560121, I 0.5

Mihálko, Hasičská 3., ✆ 0907/980547 0.5

Esztergom

Vorwahl: 033

H Esztergom, Helischer J. u., Primás-sziget, Nagy-Duna sétány, ✆ 412555, VI 0

H Grante, Dorogi út 5–7, ✆ 435272, ✆ 030/9691742, I 4.5

H St. Adalbert, Dózsa György tér 10, ✆ 541972, ✆ 541900, I-II 0.5

P Alabardos, Bajcsy-Zsilinszky u. 49, ✆ 312640, III 0.5

P Decsi, Babits Mihály út 8, ✆ 400811, ✆ 30/5003350, I 1

P El Greco, Pázmány Péter utca 15, ✆ 33/631064, ✆ 30/9140595, I 0.5

P Ria Panzio, Batthyány u. 11-13, ✆ 313115, ✆ 401-428, ✆ 20/9383091, II 0.5

P St. Kristóf, Dobozi Mihály u. 11, ✆ 416255, o.F., I-II 1

P Szalma, Nagy Duna sétány 2, ✆ 315336, ✆ 403-838, I 0

P Szent György, Andrássy út. 21, ✆ 502180, ✆ 020/2064587, I 1

Gran Camping, Nagy Duna sétány 3, ✆ 402513, ✆ 411953, ✆ 030/9489563 0.5

Altrix Sport Bolt, Kossuth Lajos u. 65, ✆ 502175 1

Neuzer Kft., Mátyás király u. 45, ✆ 500580 4

Von Komárom nach Esztergom (H)

Komárom

siehe Von Bratislava nach Komárom (H)

Tata

Vorwahl: 034

i Tourinform, Ady Endre u. 9, ✆ 586045 0.5

H Arnold, Erzsébet királyné tér 8/a, ✆ 588028, ✆ 588130, I 0.5

H Casablanca, Tópart stny. 3, ✆ 489586, II-III 1.5

H Gottwald, Fekete ut 1, ✆ 586114, III 3

H Kalóz Fregatt, Almási u. 2, ✆ 382382, I 0.5

H Kiss, Bacsó B. u. 54, ✆ 586888, IV 1

H Kristály, Ady Endre út. 22, ✆ 026/383614, IV-V 0.5

H Penta Lux, Boróka u. 10, ✆ 588140, II 2.5

H Ho Öreg-tó, Fáklya u. 4, ✆ 487960, ✆ 030/7566116, o.F., I 2.5

P Monika, Tópart sétány 9, (Ufer von Öreg tó), ✆ 383208, II 1.5

P Parti, Boroka u. 6-8, ✆ 481577, ✆ 487864, II 2.5

P Tóvárosi Fogadó, Tópart utca 11, ✆ 381599, ✆ 0202053020, I-II 0.5

Fényes Fürdö Camping, Fényes fürdö, ✆ 588144 0.5

Öreg-tó Camping, Fáklya út 1, ✆ 383496 2.5

Narancs Bike, Ady Endre u. 49-51., ✆ 070/5008576 1

Tóparti Kerékpárbolt, Tópart u 18., ✆ 030/4336638, ✆ 030/4746388 0.5

Szomód

Vorwahl: 34

P Gleichauf Panzió, Tatai u. 20, ✆ 491178, ✆ 30/4392457, I 2.5

Dunaszentmiklós

Vorwahl: 034

P Molnár Porta, Petőfi u. 68, ✆ 020/9753667, I-II 4

P Rozsa, Uj u. 4, ✆ 491923, ✆ 020/5607390, II 3.5

Dunaalmás

Vorwahl: 034

B&B Vadvirág, Lilla u. 51, ✆ 450-227, ✆ 30/361/8025, I 0.5

Neszmély

Vorwahl: 034

H Hilltop Neszmely Winehotel, Meleges-hegy Pf. 4, ✆ 550440, ✆ 070/7746663, II 1.5

P Szabó Vendégház, Fő u. 144, ✆ 451934, ✆ 030/4931944 0

Duna Büfé's Camping, Vízimolnár u. 2, ✆ 030/4170628 0

Éden, Str Nr. 10, ✆ 033/474183 0

Esztergom

siehe Von Komárno nach Esztergom (SK)

Von Esztergom nach Budapest

Esztergom

siehe Von Komárno nach Esztergom (SK)

Pilismarót

Vorwahl: 033

5billion Stars, Rév utca 1, ✆ 020/5980034 1

Dömös

Vorwahl: 033

Dömös Camping, Tarján Kiskert u. 22, 482319, 33414800 0

Visegrád

Vorwahl: 026

Touristinfo, Duna-parti út. 1., 397188 0

H Honti, Fő u. 66, 398120, II-III 0

H Mátyás Tanya, Fő u. 47, 398309, I 0

H Royal Club Hotel, Fő u. 92, 398155, 597100, HP, IV 0.5

H Silvanus, Feketehegy, 398311, HP, IV-VI 1

H Thermal Hotel Visegrád, Lepence-völgy 2, 801900, 801910, HP, IV-V 0

H Visegrád, Rév u. 15, 397034, HP, IV 0.5

H Vár, Fő u. 9, 397522, 20/4318301, III 0

P Fekete Holló Panzió, Rév u. 12, 397290, 030/8272255, I 0.5

P Patak Fogadó, Mátyás király u. 92, 397486, III 1.5

P Villa Tekla, Berkenye u. 12, 397051, 030/3596553, o.F., I 0.5

Pz Nádler, Mátyás király u. 9, 397353 0.5

Jurta Camping, Mogyoróhegy, Mátyás király út 4., 398227, 020/3997002, 20/9846052, I 1

Kék Duna Autocamping, Fő ut 70, 398120 0

Dunabogdány

Vorwahl: 026

P Irene Vendégház, Erzsébet Királyné u. 36, 390170, 3788039, 030/3788039, I 0

Szob

Vorwahl: 020

P Popeye Fogadó, Zilahy Lajos u. 7, 027/370329, 027/020/4737021, 020/3122589 0

Zebegény

Vorwahl: 027

H Hubertus, János Hegy 7, 373227, 030/9522165, II-III 0

H Natura Hill, Szarvas utca 76, 030/5995732, III 1

P Almáskert, Almáskert u. 13, 373037, 030/9494200, I 1.5

Fw Malomkerék, Malom u. 21, 373010, 030/9764472, I 1

Nagymaros

Vorwahl: 027

Törökmezöi turistaház, Törökmezö 013/2 hrsz., 350063, 030/4844684 3.5

Camping Nagymaros, Sólyomszigeti út 67., 355575, 030/3688688, I 0

Verőce

Vorwahl: 027

H Fehér Hattyú, Arpád u. 60, 350057, 030/3261244, I 0

Gh Magyarkút, Magyarkúti út 5, 380587, 020/5604961, 020/5618716, I 3

Vác

Vorwahl: 027

Tourinform, Március 15 tér 17, 316160 0

H Camelot Club, HRSZ 07, an der Hauptstraße 12 zw. Veroce und Vac, 308310, 020/6658170, II 0

P Csillag Motel, Balassagyarmati út 8, 316421, I 0.5

P Fónagy & Walter, Budapesti főút 36, 310682, 30 961/5116, I-II 0.5

P Zeke, Zeke u. 5, 313-206, 30 525 4046, I 1

Pz Alt-Tabán Guesthouse, Tabán u. 25, 316860, 030/9103428, I 0

Pz Szivárvány, Újhegyi u. 106, 315831, 020/5395291, o.F., III 1

Göncöl, Ilona u. 3, /020/7727982, 0207727970, o.F., I 0

Göncöl, Ilona u. 3, /020/7727982, 020/7727970 0

DZ Bike, Galcsek György u. 8-10, 310554, 020/2636371 1

Szigetmonostor

Vorwahl: 026

H Kék Duna Aktív Üdülőközpont, Duna sor 8, 393246 1

Gh Bacchus, Petőfi u. 19, 393545, (70) 949 9889 1.5

Dunakeszi

P Kikelet Panzió, Kikelet utca 1, 27342554, I-II 0

P Part Cafe Pension, Duna sor 20, 27349225, I 0

XV. kerület (Budapest)

Vorwahl: 01

H Pólus, Szentmihályi út 131, 415-2114, 410-9600, II 5

XIII. kerület (Budapest)

Vorwahl: 01

H Albérletház, Fáy utca 61, /702520964, 901 8738, III 1.5

H Danubius Grand Hotel Margitsziget, Margitsziget, 8894752, 889-4700, III 0.5

H Danubius Hotel Helia, Kárpát utca 62-64, 8895800, III-V 0

P Leslie, Victor Hugo utca 25-27, 030/9147606, I 0.5

Ho Fortuna Boat, Szt. István park, alsó rakpart, 2888100, 70/770/0402, II-III 0

Ho Groove, Szt István krt. 16, 7868038 0.5

Ho Island Hostel, Sirály Csónakház, Margitsziget, 305877079, 020/414 1945 0.5

XXII. kerület (Budapest)

Vorwahl: 01

P Belle Fleur, Bencés u. 32, 228-2374, II-III 6

Tahitótfalu

Vorwahl: 026

Pz Boglárka Üdülőház, Pacsirta u. 30, 35310543 0.5

Duna Camping Panzió, Kamping u., 385216, 70/3677630. 1. März - 30. Sept. 0

Balázs, Szentendrei ut 26., 385820 0

Leányfalu

Vorwahl: 026

P Kati Pihenőház, Temető u. 6, ✆ 380278, ✆ 020/3538174, I 1
P Ulászló, Móricz Zsigmond u. 267, ✆ 380706, I 0
Camping, Alszeghy tér 1, ✆ 383154 0

Szentendre

Vorwahl: 026
i Tourinform, Dumtsa Jenö u. 22, ✆ 317965 0
H All Waterfront Hotel, Dunakorzó 5, Dunakorzó, ✆ 500478, II-III 0
H Bükkös, Bükköspart 16, ✆ 501360, III 0.5
H Centrum, Bogdányi u. 15, Dunakorzó, ✆ 302500, o.F., I-II 0
H Panzió 100, Ady Endre u. 100, ✆ 310661, II-III 0.5
H Róz, Pannónia u. 6/b, ✆ 311737, ✆ 020/9995660, I-II 0.5
P Apolló, Méhész u. 3, ✆ 302630, ✆ 020/5439392, o.F., I 0.5
P Cola, Dunakanyar krt. 50, ✆ 310410, I 0.5
P Corner, Dunakorzó 4, ✆ 301524, ✆ 020/3578462, ✆ 020/9928701, I 0
P Horváth Fogadó, Darupiac 2, ✆ 313950, ✆ 020/9710036, I-II 0.5
P Ilona, Rákóczi F. u. 11, ✆ 313599, o.F., I 0.5
P Mathias Rex, Kossuth u. 16, ✆ 505570, ✆ 505570, II 0.5
P Pap-Szigeti Camping, Pap Sziget, ✆ 310697, ✆ 310909, I 0.5
P Szent Andrea, Egres ú. 22, ✆ 301800, ✆ 311989, ✆ 030/9002871, I 0.5
P Vadrósza, Vadrósza u. 5-7, ✆ 314849, I-II 1.5
P Zita, Örtorony u. 16, ✆ 313886, I 0.5
Pz Erika Vendégház, Levendula u. 7, ✆ 313633, ✆ 020/3339701, o.F., I-II 0.5
Pz Jesztrebszki Tiborné, Levendula u. 10, ✆ 313636, I 0.5
Pz Jászai Tibor Lászlóné, Céh u. 3, ✆ 310657, I 0.5
Pz Józsefné Bándi, Iskola út 3, ✆ 317391 0.5
Balazs, Előd u. 2/a, ✆ 312111 0.5

Pomáz

Vorwahl: 026
P Tutti Panzió, Budakalászi u. 14, ✆ 325888, ✆ 030/3612160, o.F., I 2.5

Budakalász

Vorwahl: 026
P Jármy, Fürj u. 13, ✆ 342700, ✆ 0204350887, I 2
P Müller-Fogadó, Pomázi u. 42, ✆ 342733, ✆ 030/3906982 2
Pz Cuki, Budai u. 39, ✆ 341238 1.5

Üröm

Vorwahl: 026
Jumbo, Budakalászi u. 23-25, ✆ 351251 4

Budapest

Vorwahl: 01
i MAV Service Center (Ungarische Staatsbahn AG), Krisztina krt. 37/a, ✆ 3494949. Auskunft und Bahnkartenverkauf 1.5
i Tourinform, Sütő utca 2, Déak tér, ✆ 4863300 1
Bar-Ker, Cserhát u. 16, ✆ 3522395 3
Bringangyal, Balzac u. 48/a, ✆ 020/5553884
Bringarázs, Vágóhíd utca 3-5, ✆ 070/4339832
Duna, Katona József u. 3, ✆ 070/4515526 0.5
Hugo Sport, Kálvin tér 7, ✆ 2173975, ✆ 024/898237 1
K2 Bike, Pacsirtamező u. 16, ✆ 4530818, ✆ 030/9952728 0.5
Wilker, Árpád fejedelem útja 8, ✆ 3263646 0
Bringóhintó, Hajós Alfréd sétány 1, Margitsziget, ✆ 3292073, ✆ 020/4234600 0.5
Dynamo Bike and Bake, Képíró u. 6, ✆ 030/8681107 1

I. kerület (Budapest)

Vorwahl: 01
H Aquincum, Árpád fejedelem útja 94, ✆ 4364100, IV 0
H Art'otel, Bem rakpart 16-19, ✆ 4879487, VI 0
H Benczúr, Benczúr utca 35, ✆ 4795650, III 2
H Budapest Marriott, Apáczai Cserer János utca 4, ✆ 4865000, VI 0.5
H Carlton Hotel, Apor Péter utca 3, ✆ 2240999, IV-V 0
H Centrum, Rákóczi út 43-45, ✆ 4775300, IV-V 2
H Hilton Budapest, Hess András tér 1-3, ✆ 8896600, V 0.5
H Mercure Buda, Krisztina körút 41-43, ✆ 4888100, IV 1
H Orion, Döbrentei utca 13, ✆ 3568583, V 0
H Victoria, Bem rakpart 11, ✆ 4578080, IV-V 0

II. kerület (Budapest)

Vorwahl: 01
H Danubiushotel Budapest, Szilágyi Erzsébet fasor 47, ✆ 8894279, ✆ 8894200, III 2
H Panda, Pasaréti út 133, ✆ 3941935, III 3.5
P Mohácsi, Bimbó út 25/A, ✆ 3267741, ✆ 20/3233154, I-II 1
Ho Grand Hostel, Hűvösvölgyi út 69, Versec sor 1, ✆ 2741111, o.F., I-II 4

III. kerület (Budapest)

Vorwahl: 01
H Alfa Art, Királyok útja 205, ✆ 4530060, ✆ 4533428, ✆ 020/3967555, III-IV 0
H Attila Hotel, Attila u. 20, ✆ 2403373, II 1.5
H Bed-Breakfast, Rozália utca 76-78, ✆ 4541610, I 1.5
H Hunor, Pünkösdfürdő utca 40, ✆ 2430949, III 1
H Minol, Batthyány utca 45, ✆ 2430777, II 1.5
Római Kemping, Szentendrei út 189, ✆ 2500426 1

V. kerület (Budapest)

Vorwahl: 01
H Danubius Hotel Astoria, Kossuth Lajos utca 19-21, ✆ 8896000, III-IV 1
H Erzsébet, Károlyi Mihály utca 11-15, ✆ 8893700, III 1
H InterContinental, Apácazi Csere János utca 12-14, ✆ 3276333, V 0.5

H Mercure Budapest City Center, Vaci utca 20, ✆ 4853100, IV 0.5

H Mercure Budapest Korona, Kecskeméti utca 14, ✆ 4868800, II 1

Ho Domino Top Hostel, Váci u. 44, (Eingang Havas utca 6), ✆ 2350492, ✆ 0720882832, I 0.5

Ho Homeplus, Balassi Bálint u. 27, ✆ 9502494, I-II 0

Ho Maverick, Ferenciek tere 2, ✆ 2673166, I 0.5

VI. kerület (Budapest)

Vorwahl: 01

H Ibis Budapest Heroes Square, Dózsa György út 106, ✆ 2695300, III 2

H Medosz, Jókai tér 9, ✆ 3743000, III 1.5

H Radisson Blu Béke, Teréz körút 43, ✆ 8893900, IV-V 1

Ho Banki Travellers, Podmaniczky u. 8, ✆ 3125268, ✆ 3730053 1

Ho Broadway Hostel, Ó utca 24-26, ✆ 688-1662, ✆ 070/7719164, o.F., I 1.5

Ho Home Made, Teréz körút 22, ✆ 3022103, ✆ 030/2004546, I 1.5

VII. kerület (Budapest)

Vorwahl: 01

H Baross City Hotel, Baross tér 15, ✆ 4613010, III-IV 3

H Hungaria City Center, Rákoczi ut 90, ✆ 8894400, III-IV 2.5

H Ibis Budapest City, Akácfa utca 1-3, ✆ 4783050, IV 2

H Ibis Styles Budapest Center, Rákóczi út 58, ✆ 4628100, IV 2

P Carmen Mini Guesthouse, Károly krt. 5, ✆ 3520798 1

Ho Marco Polo Top Hostel, Nyár utca 6, ✆ 4132555, I 1.5

AH Agape, Akácfa ucta 12, ✆ 7004102, ✆ 020/9229327260 2

VIII. kerület (Budapest)

Vorwahl: 01

H Anna, Gyulai Pál u. 14, ✆ 9009071, III 1.5

H Hunguest Hotel Platánus, Könyves Kálmán körút 44, ✆ 3336505, IV 4.5

H Museum, Trefort utca 2, ✆ 4851080, V 1.5

Ho Budapest, Könyves Kálmán körút 64, ✆ 2100816, I 4.5

IX. kerület (Budapest)

Vorwahl: 01

H Ibis Budapest Centrum, Ráday utca 6, ✆ 4564100, III 1

P Boulevard City Pension, Angyal utca 13, ✆ 2152169, ✆ 30 9217 673 2

Ho Barocco, Lónyai u. 9/1/5, ✆ 9520089, I 1

Ho Fortuna, Gyáli út 3/B, ✆ 2150660, I 3.5

Haller Camping, Haller utca 27, ✆ 476-3418, ✆ 0302310923 3

X. kerület (Budapest)

Vorwahl: 01

P Arena Camping Budapest, Pilisi ucta 7, ✆ 0036/302969129, I 8

H Expo Congress Hotel, Expo tér 2, ✆ 2636800 6

XI. kerület (Budapest)

Vorwahl: 01

H Bara, Hegyalja u. 36-36, ✆ 3853445, I-III 1.5

H Congress Hotel Flamenco, Tas vezér utca 7, ✆ 8895650, ✆ 889-5600, III 1.5

H Danubius Hotel Gellért, Szent Gellért tér 2, ✆ 8895500, III-IV 1

H Gerand Hotel Ventura, Fehérvári út 179, ✆ 2081232, III-IV 4

H Griff, Bartók Béla út 152, ✆ 2040044, I-II 3

H Luna, Vegyész utca 17, ✆ 2046868, ✆ 20/360/4112, III 5

H Pest Inn, Zágrábi u.1-3., ✆ 2628974, I 5

H Rubin Wellness & Conference Hotel, Dayka Gábor utca 3, ✆ 5053600, II-III 3

P Korona, Sasadi út 123, ✆ 3191255, I-III 3.5

Ho Moha, Neszmélyi út 18/A, ✆ 7853629 4

Fw Citadella, Rezeda utca 9, ✆ 3869901, ✆ 0303757840, I-II 1

Ungarisch und slowakisch von A bis Z

Grundregeln der ungarischen und slowakischen Sprache

Die ungarische Sprache gehört nicht zu den indo-germanischen Sprachen wie die deutsche, und deshalb mag Ihnen die Aussprache des Ungarischen zunächst unmöglich erscheinen. Dennoch sollten Sie versuchen, sich mit den wichtigsten Vokabeln und einigen Grundregeln der Aussprache vertraut zu machen. Nahe der österreichischen Grenze werden Sie keine Probleme haben, sich deutsch zu verständigen, besonders die älteren Ungarn können sehr gut deutsch. Aber je weiter Sie nach Osten kommen, desto mehr sind Sie darauf angewiesen, zumindest ein paar Brocken ungarisch zu sprechen. Betont wird immer die erste Silbe eines Wortes, erst bei längeren Wörtern sind Nebenbetonungen möglich. Der Akzent auf den Vokalen regelt nicht wie in anderen Sprachen die Betonung, sondern sagt lediglich etwas darüber aus, wie lange ein Vokal ist. So wird ein Vokal mit Akzent lang ausgesprochen, einer ohne Akzent kurz.

Aussprache der Vokale		**Aussprache der Konsonanten**	
a	offenes a wie in what	c	wie z in Zaun
á	langes a wie in Tat	cs	wie tsch in deutsch
e	kurzes ä wie Hände	s	wie sch in Schule
	oder e wie fest	sz	wie ss in Hass
é	langes e wie geben	zs	G-laut wie in Genre
i	kurzes i wie Mittag	z	wie s in Hase
í	langes i wie Lied	gy	wie dj in adjieu
o	kurzes o wie Politik	ly	wie j in Jahr
ó	langes o wie Ofen	ny	wie gn in Kognak
ö	kurzes ö wie können	ty	wie tj in Katja
u	kurzes u wie und	v	wie w in Wiese
ú	langes u wie gut	y	wie i in Minute

Die Konsonanten b, d, f, g, h, j, k, l, m, n, p, t, und x werden wie am Anfang deutscher Wörter ausgesprochen.

Bei der slowakischen Sprache sind folgende Regeln zu beachten:

Vokale mit ´ werden lang gesprochen.

c	wird wie z ausgesprochen
č	wie tsch
ch	ch wie in dt. ach
ď	wie dj
h	immer aussprechen (ähnlich wie im Deutschen)
ľ	wie lj
ň	nj (wie in span. Señor)
ô	ou
s	stimmloses s (wie in dt. Stress)
š	wie sch
ť	wie tj
v	w
y	i
z	stimmhaftes s (wie in dt. Sattel)
ž	j (wie in franz. jour)

Ein kleines Wörterbuch: Deutsch–Ungarisch–Slowakisch

Deutsch	Ungarisch	Slowakisch
Zahlen		
Null	nulla	nula
eins	egy	jeden
zwei	kettö, két	dve
drei	három	tri
vier	négy	štyri
fünf	öt	pät
sechs	hat	šest'
sieben	hét	sedem
acht	nyolc	osem
neun	kilenc	devät'
zehn	tíz	desat'
Begrüßung		
Guten Morgen!	Jó reggelt!	Dobré ráno!
Guten Tag!	Jó napot!	Dobrý deň!
Guten Abend!	Jó estét!	Dobrý večer!
Gute Nacht!	Jó éjszakát!	dobrú noc!
Auf Wiedersehen!	Viszontlátásra!	do videnia!
Danke!	Köszönöm!	dakujem
Hilfe!	Segítség!	pomoc
bitte	kérem, tessék	prosim

Deutsch	Ungarisch	Slowakisch
deutsch	német	nemecký
ja	igen	áno
nein	nem	nie
Wochentage		
Montag	hétfö	pondelok
Dienstag	kedd	utorok
Mittwoch	szerda	streda
Donnerstag	csütörtök	štvrtok
Freitag	péntek	piatok
Samstag	szombat	sobota
Sonntag	vasárnap	nedela
morgen	holnap	zajtra
gestern	tegnap	včera
heute	ma	dnes
mittags	délben	na obed
Feiertag	ünnep(nap)	sviatok
Orientierung		
geradeaus	egyenesen	priamo
links	bal, balra	dolava
rechts	jobb, jobbra	doprava

Deutsch	Ungarisch	Slowakisch
bergab(-wärts)	lefelé	nadol
bergauf (-wärts)	felfelé	do kopca
zurück	vissza	spät'
Zentrum	központ	centrum
Bahnhof	pályaudvar	železničná stanica
Bahnstation	állomás	železničná zastávka
Krankenhaus	kórház	nemocnica
Arzt	orvos	lekár
Zeit	idö	doba
Brücke	híd	most
See	tó	jazero
Fluss	folyó	rieka
Berg	hegy	hora
Kirche	templom	kostol
Stadt	város	mesto
Dorf	falu	dedina
Platz	tér	námestie
Straße	utca, út	ulica, cesta
Bad	fürdö	bazén
Toilette	vécé, toalett	toaleta
Zimmer	szoba	izba

Deutsch	Ungarisch	Slowakisch
Einkauf		
Geld wechseln	pénzt váltani	vymenit' peniaze
Apotheke	gyógyszertár	lekáreň
Bedienung	kiszolgálás	služba
Geschäft	üzlet	obchod
geöffnet	nyitva	otvorený
geschlossen	zárva	zatvorený
bezahlen	fizet, kifizet	zaplatit'
Markt	piac	trh
Lebensmittel	élelmiszer	potraviny
Essen		
Essen	Enni	jest'
Gasthaus	vendéglö	hostinec
besetzt	foglalt	obsadený
frei	szabad	vol'ne
bestellen	rendelni	objednat'
Speisekarte	étlap	jedálny listok
Frühstück	reggeli	raňajky
Mittagessen	ebéd	obed
Abendessen	vacsora	večera
Bier	sör	pivo

Deutsch	Ungarisch	Slowakisch
Brot	kenyér	chlieb
Butter	vaj	maslo
Ei	tojás	vajce
Fisch	hal	ryba
Fleisch	hús	mäso
Geflügel	szárnyas	hydina
Gemüse	zöldség	zelenina
Kaffee	kávé	káva
Kartoffel	burgonya	zemiak
Käse	sajt	syr
Milch	tej	mlieko
Reis	rízs	ryža
Salat	saláta	salát
Suppe	leves	polievka
Wasser	víz	voda
Wein	bor	vino
Wurst	kolbász	klobása, saláma
Fahrrad		
Fahrrad	kerékpár	bicykel
Radschloss	zár	zámka
Luft	levegö	vzduch, povetrie

Deutsch	Ungarisch	Slowakisch
Werkzeug	szerszám	nástroj, náradie
Schraube	csavar	skrutka
Reifen	abroncs	bicyklová pneumatika

Danke

Dank an alle, die uns bei der Erstellung dieses Buches tatkräftig unterstützt haben, im besonderen an: S. Opravil; T. Reitz; F. Winarske, Wolfsburg; A. Dueñas; L. Misch, Wien; S. Walter, Dresden; G. Ruehle; H. J. Hollemans, Sittard; A. Remmert, Hofheim; C. Kammhuber, Regensburg; G. Niesert, Rheine; F. Niedermayer, Bonn; G. Zahn; C. u. W. Kramer, Werne/Lippe; D. Hahn, Babenhausen; A. Grenz; H. u. M. Garbe; W. Thomas, Ingolstadt; A. Kiszelya, Partenheim; S. Wolf, Graz; R. Leska, Baach; T. Oehler, Stuttgart; C. Bittemann u. U. Pfeiffer, Bremen; K. Kistenfeger, Deggingen; W. Scneider, Alsbach; A. Heilenköffer u. F. Bischoff, Köln; K. Lutsch, Weyer; R. Bezner, Kirchheim; M. Bald, Hagen; A. u. C. Käppeler, Burgstetten; A. Lörcher, Dietersweiler; G. Kürschner u. G. Dupont, Köln; H.-W. Holtmanns, Essen; W. Asmus, Meyenburg; R. Bechtold, Michelstadt-Vielbrunn; W. Weiß, Hardheim; H. Landwehrkamp, Lenting; M. Heilmann, Michelstadt; M. Kübler, Waiblingen; E-M. Benning, Münster; M. Wittenzellner, Regensburg; M. Müllerschön, Frankfurt/Main; B. u. U. Schöppe, Jettingen; H. u. E. Englert; U. Kaufmann, Kehrsatz; W. König, Heddesheim; R. Jope, Frankfurt/Main; H. Rösch, Salzburg; A. Sauerbrey, Frankfurt; R. Schulz; R. Eichenberger, Schweiz; F. Kaufmann, Solothurn; Giovanni, Vicenza; H.P. Keller; B. Todt, Konstanz; S. Steidle; M. Szabo; H. Sander, Oldenburg; R. Klostermann, Feucht; Herr Turner; R. Küchenhoff, Torgau; Trauti & Emil; S. Morlok, Karlsruhe; B.Husch, Berlin; H. Kremling, München; H. Schlenger, Kiel; M. John, München; St. Weikert, Lengerich; G. Bodzek, Seevetal; M. u. K. Zellhofer; W. D. Feist; K. Handlos, München; G. Renkema; U. Baumann, Trier; H. Bischof, Mering; K. Koeppen, Dornhan; E. Hoffmann, Reutlingen; Mag. Bergauer; Prof. Dr. W. Horn; J. Primus, Rheine; Dr. H. Christmann, Roschbach; F. Luppertz; N. Streit, Bern; K.-H. Schulze, Raubling; T. Zimmermann; G.-P. Rohde, Ahrensburg; Dr. G. Riemer, Wien; A. Jeziorek, Ratingen; G. Barnstedt, Oyten; S. Krahnert, Hönow; J. Kleineberg, Bünde; K. Birkenbeil; S. Odegard; H. Hornschuch; J. Kertesz; M. Schmidt; S. Dismer; Dr. E. Blatt, Wien; K. Marx, Frankenthal; H. Söllradl, Emmerting; E. Sartorius; R. Breitenfeld; G. McPherson; K.-H. Lohrmann, Lonsee; A. Bergemann, Trittau; H. Raithel, Wedel; S. u. A. Flämig; J. Rohac; G. Cremer; D. Fedehofer; C. Buchmeier; T. Hollstein; J. Riel, Gföhl; E. Kraus; A. Gruber; G. Grothe, Lüdinghausen; C. Artner; H. Dittes; L.Hug; R. Bäckman; Y. Canal; W. Brombacher; K. Kling; W. u. R. Geiger, Rottweil; L. Steyer u. F. Kurz; A. Ballauff; J. Lorson; K. u. A. Lzicar; A. Bedal u. O. Wolf; C. Buchmeier; J. Riel, Gföhl; T. Hollstein; G. Cremer; M. Hanstein; P. Schache; J. Brunner; M. Gesierich; J. Teumer; B. Nußrainer; C. Harnisch; R. Wölk; M. Lühder; R. Behn; W. Gietl; M. u. C. Bläsing; V. Habl, Mainz; Dr. H. Bauer, Tutzing; S. Steinbach; A. u. K. Stefani, Erding; G. Richter; P. Reichert; W. Becker; H. Wolfart; P. u. T. Thierbach; A. Tuch, Eningen; N. Tremmel; L. Skousen; H. Rupp; K. Stange-Sanchez, Hannover; E. Vosen; W. Reichmann, Bad Dürrheim;

Ortsindex

Die Seitenzahlen ab S. 124 beziehen sich auf das Übernachtungsverzeichnis.